Les Secr
de la
Peinture
sur
Soie

MW01715194

Les Secrets de la Peinture sur Soie

Préparé par **Gisela Banbury**
Traduction française **Jocelyne Henri**

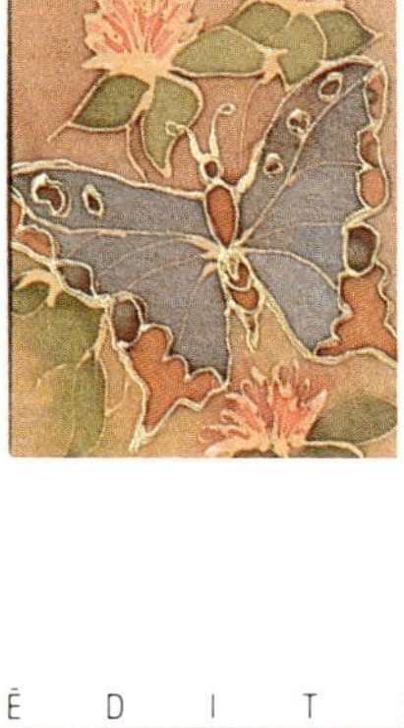

ÉDITIONS
BROQUET INC
CASE POSTALE 310, LAPRAIRIE, QC CANADA J5R 3Y3 TEL. : 514-659-4819

L'artiste au travail

1/ Les secrets de la peinture à l'huile
2/ Les secrets de l'aquarelle
3/ Les secrets du paysage
4/ Les secrets du dessin
5/ Les secrets de la nature morte
6/ Les secrets du croquis
7/ Les secrets de la peinture sur soie

Données de catalogage avant publication (Canada)

Vedette principale au titre

Les Secrets de la peinture sur soie
(L'Artiste au travail).
Traduction de: The art on painting of silk.
Comprend un index.

ISBN 2-89000-260-8

1. Peinture sur soie. I. Banbury, Gisela. II. Collection.

ND1572.A7714 1989 746.6 C89-096193-X

Titre original: The Art of Painting on Silk

Copyright: Search Press Limited 1987
ISBN 0-85532-597-6. All rights reserved.

Traduction anglaise basée sur les livres suivants, publiés par Christophorus-Verlag, Fribourg en Brisgau

1. *Aparte Seidemalerei* par Christine Keller (Brunnen-Reihe 208)
2. *Seidentücher handbemalt* par Friederike Franzkowiak (Brunnen-Reihe 234)
3. *Seidenkissen und bilder handgemalt* par Rosemarie Kindervater (Brunnen-Reihe 239)
4. *Seide, Farbe... und was man daraus machen kann* par Christine Keller (Hobby & Werken)
5. *Bemalte Seide: Kleidung und Accessoires* par Karen Coussa (Hobby & Werken)
6. *Seidenmalerei in Aquarell-technik* par Hedwig Danner (Brunnen-Reihe 245)
7. *Seidenmalerei: Schmuck, Bilder, Kleidung* par Christianne Köhl (Brunnen-Reihe 248)
8. *Variable Seidenmal* - Motive

Copyright © Christophorus-Verlag GmbH, Freiburg im Breisgau, 1982, 1985, 1985, 1984, 1985.

pour l'édition française:

Copyright © Ottawa 1989
Éditions Marcel Broquet Inc.
Dépôt légal — Bibliothèque nationale du Québec
3e trimestre 1989

ISBN 2-89000-260-8

Tous droits de traduction et d'adaptation totale ou partielle réservés pour tous les pays. La reproduction d'un extrait quelconque de ce livre, par quelque procédé que ce soit, tant électronique que mécanique, en particulier par photocopie, est interdite sans l'autorisation de l'artiste, de l'auteur et de l'éditeur.

TABLE DES MATIÈRES

Avant-propos

C'est au ver à soie, espèce de chenille ou papillon, que nous devons la soie, cette fibre textile des plus nobles. Le ver à soie se nourrit de feuilles de mûrier; il se tisse un cocon à l'aide d'un fil élastique très fin et très résistant qui peut atteindre 3 000 m de longueur.

L'élevage des vers à soie fut l'exclusivité de la Chine pour une période de plus de 4 000 ans. Les contrebandiers qui en faisaient le commerce étaient passibles de la peine de mort. En conséquence, uniquement le produit fini atteignait le reste du monde, par la célèbre «Route de la soie» vers l'Europe. Au sixième siècle, on croit que des moines ont dû cacher des oeufs de vers à soie sur eux pour les transporter à Byzance. On a retrouvé des vers à soie jusqu'au Japon et en Inde. En Italie, la production de la soie remonte au douzième siècle. C'est à Lyons, en France, que la soie a été tissée pour la première fois, au seizième siècle. À cette époque, la peinture sur soie, qui était hautement exploitée en Extrême-Orient, prenait son essor en France. Les techniques et le style français ont bientôt influencé le reste du monde occidental. Cet art fut très vite oublié cependant, jusqu'au début de notre siècle, où le Sud de la France et la Bretagne l'ont redécouvert.

Aujourd'hui, cet art est à la portée de tous, et même l'amateur peut obtenir d'excellents résultats. L'éclat des peintures et la somptuosité des tissus de soie sont une combinaison irrésistible.

La peinture sur soie exige deux qualités essentielles: en plus de l'habileté en dessin et du sens des couleurs, comme on pourrait s'y attendre, il faut de la patience et beaucoup d'application. Si vous possédez ces qualités, la technique de base de la peinture sur soie est beaucoup plus facile à acquérir que vous ne l'imaginez.

Est-ce un passe-temps coûteux? La soie est bien sûr un tissu de grande valeur. Ne comptez pas non plus que votre premier essai soit un chef-d'œuvre! Commencez par de petits articles. Vous vous rendrez compte rapidement de la richesse des possibilités de la peinture sur soie. Aucun autre tissu ou technique ne peut produire des couleurs aussi lumineuses; vos expériences vous conduiront à des résultats magiques.

Ce n'est pas l'objet de cet ouvrage de décrire toutes les variations possibles; dans la première section, nous expliquons les techniques de base et nous donnons la description des outils et du matériel nécessaires. Ailleurs dans l'ouvrage, l'emphase est mise sur les créations que vous pouvez réaliser — des coussins, des tableaux, des foulards, des robes et d'autres articles plus petits.

Que vous soyez un artiste expérimenté travaillant dans un studio, ou un amateur peignant sur la table de cuisine ou dans le jardin, ce livre vous permettra d'acquérir des connaissances de façon agréable. L'artiste expérimenté puisera son inspiration dans son environnement; l'amateur, pour sa part, trouvera dans ce livre des suggestions de dessins qui conviennent parfaitement aux techniques enseignées. Il est préférable de commencer par de petits articles, tels qu'un réticule ou des cartes de souhaits; vous pourrez ensuite vous lancer dans des projets plus audacieux et plus luxueux.

À partir de la page 81, vous devrez réduire ou augmenter l'échelle des dessins proportionnellement au métrage de la pièce de travail. Pour vous faciliter la tâche, vous pouvez vous servir d'un photocopieur ou d'un pantographe.

Pour obtenir le maximum d'effet dans cette création saisissante, on a utilisé une technique simple et des couleurs éclatantes. Cette conception peut servir à réaliser un tableau, un foulard ou même un coussin.

Les préparatifs

Quand vous aurez maîtrisé les techniques de base, vous pourrez créer des articles luxueux et originaux, à des prix raisonnables. Pour votre première tentative cependant, essayez un article simple, de dimensions réduites, pour vous assurer un bon résultat. Plus vous aurez d'assurance, plus vous vous sentirez d'attaque pour entreprendre les créations plus complexes qui sont suggérées dans cet ouvrage.

Avant de commencer, il est important de comprendre que vous ne pourrez jamais reproduire exactement une illustration. La soie est une fibre naturelle et, tout comme la laine, elle varie en texture et en qualité. La texture et la couleur des peintures peuvent également varier d'un manufacturier à un autre. Il est important de se rappeler qu'une création originale a pu aussi être dessinée à main levée, sans lignes de référence apparentes. Ces facteurs contribuent cependant à rendre cet art si passionnant; vos créations n'en seront que plus exceptionnelles.

Assurez-vous d'avoir à votre disposition tout le matériel nécessaire avant de commencer un projet. Vous devrez travailler rapidement pour obtenir des résultats satisfaisants; si vous devez vous arrêter au milieu d'une opération parce qu'il vous manque un pinceau fin pour peindre les petites surfaces, tout le processus peut être ruiné. Au début, il est inutile de débourser de grosses sommes pour l'achat d'outils ou d'étoffes. Vous pouvez vous procurer, dans la plupart des magasins à rayons, des coupons de soie à prix modique. Pour la réalisation de votre premier projet, tenez-vous-en à quelques couleurs fondamentales (voir *La palette*, page 11); vous pourrez compléter votre gamme de coloris au fur et à mesure de vos expériences. Si vous choisissez de débuter par un petit article, une carte de souhaits par exemple, il est inutile de vous acheter un cadre; un métier à broder (tambour) peut très bien faire l'affaire. Si vous êtes habile, vous pouvez fabriquer vous-même un cadre fixe à la dimension désirée.

Les outils

On peut se procurer facilement le matériel nécessaire pour la peinture sur soie dans les boutiques d'artisanat ou, par correspondance, chez des fournisseurs spécialisés. Certains outils peuvent être conçus à la maison. La trousse du débutant devra toutefois contenir:

Un cadre de bois;
De la soie;
Deux ou trois couleurs de peinture;
Des pinceaux;
Des épingles;
De la gutta, ou agent de blocage;
Du sel;
Du diluant et un agent de fixation — selon les recommandations du manufacturier de peinture;
Une palette de couleurs — très utile pour la combinaison des couleurs (voir page 11).

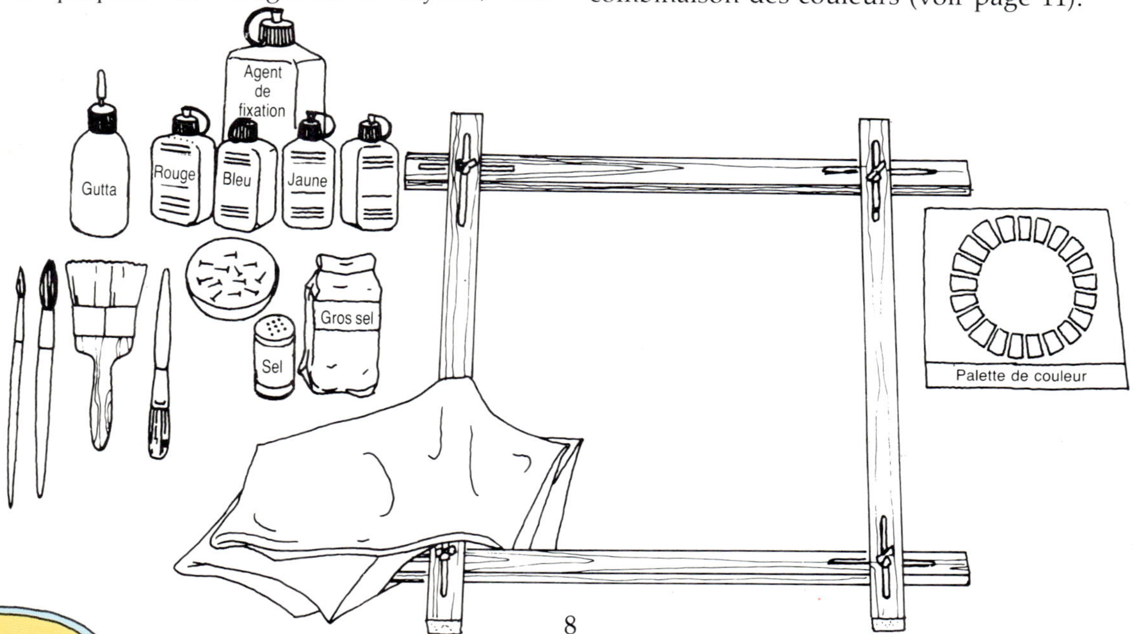

Le matériel

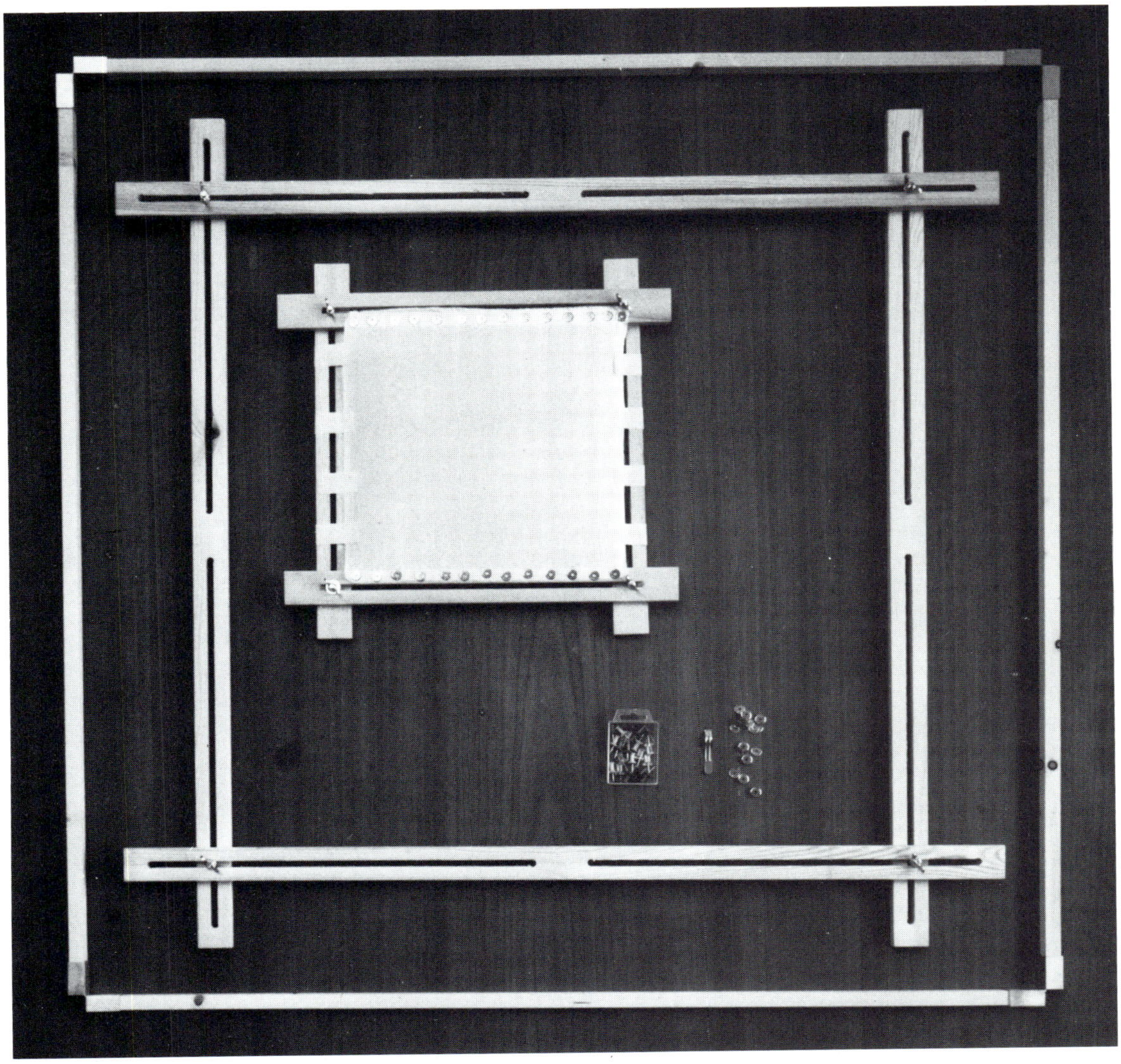

Les cadres

Pour peindre la soie avec succès, il faut la tendre parfaitement et la fixer sur un cadre. Vous pouvez vous procurer sur le marché des cadres en bois conçus spécialement pour cet usage (voir page 9). On peut les ajuster et les agrandir à l'aide de barres de bois additionnelles; les dimensions varient de format carte postale à 300 cm sur 140 cm. Un cadre fixe, composé de 4 barres de bois vissées ensemble et de 4 angles métalliques est suffisant pour l'amateur. N'oubliez pas de tenir compte du métrage de l'étoffe que vous voulez peindre, car ce cadre n'est pas réglable. Par exemple, si le métrage requis pour quatre foulards est de 100 cm de large, les dimensions intérieures du cadre devraient être 95 cm sur 95 cm.

Avant de fixer la soie sur le cadre, recouvrez chaque barre d'une large bande de ruban adhésif, afin d'éviter que les taches de peinture ne ruinent la soie lors d'utilisations ultérieures. De cette façon, vous pourrez nettoyer le cadre entre chaque usage, ou tout simplement changer le ruban adhésif.

Les petits articles, tels que les cartes de souhaits (voir page 22), peuvent être montés sur un métier à broder (tambour). Vous pouvez aussi les fixer, à l'aide d'une bande élastique, sur l'embouchure d'un pot de confitures ou tout autre récipient en verre similaire.

Les soies

Il existe une grande variété de tissus de soie sur le marché: de la mousseline de soie fine et légère à la soie sauvage terne et à grain lourd. Tous ces tissus ne conviennent pas à toutes les techniques de peinture sur soie; en effet, les différentes caractéristiques propres à chaque étoffe se refléteront sur votre création. Les colorants ne prennent pas uniformément sur les soies à grain lourd, par exemple. Celles-ci sont propices à la formation de «pontage» lors de l'application de la gutta (voir la technique à la gutta, page 15); ces «pontages» laissent la couleur fuser et se superposer à d'autres. Les soies très épaisses peuvent nécessiter une application de gutta des deux côtés du tissu.

L'amateur utilisera du pongé ou du crêpe de Chine. Ces tissus sont recommandés pour les châles et les écharpes. Le crêpe de Chine, le crêpe georgette et le crêpe satin sont tout indiqués pour les blouses et les robes.

Assurez-vous que le tissu que vous choisirez pour votre première création soit blanc écru ou blanc crème; l'application de la peinture sur un tel fond vous assure des couleurs claires et éclatantes. Autre point important à se rappeler, le blanc ne fait partie d'aucune gamme de peintures pour soie. Dans plusieurs créations, on se sert du fond blanc du tissu pour mettre en lumière une surface ou pour définir les contours entre les blocs de couleurs.

Quand vous serez plus habile, vous voudrez certainement expérimenter les effets possibles sur les fonds pâles ou pastel. La couleur de fond choisie devra être de la nuance la plus pâle de votre projet; il sera alors impossible d'y incorporer du blanc. La couleur de fond aura aussi un effet sur les peintures que vous utiliserez. Par exemple, sur un fond bleu pâle, les surfaces peintes en jaune produiront des nuances de vert-jaune.

Tous les tissus doivent être lavés avant d'appliquer la peinture, de façon à faire disparaître toute trace d'apprêt ou de graisse. Lavez les tissus à la main à l'eau tiède, à l'aide d'un détergent doux. Rincez parfaitement le tissu, enroulez-le dans une serviette et repassez-le quand il est encore humide.

On peut déchirer la soie fine au lieu de la couper, mais les tissus plus épais doivent être soigneusement découpés le long du grain.

Les peintures

Les peintures pour la soie se divisent en deux groupes:

1. Les peintures à base d'alcool et les peintures à base d'eau. Ces deux types de peintures ont l'aspect d'une substance aqueuse et elles s'appliquent de la même façon; les méthodes de dilution et de fixation diffèrent cependant.
2. Les peintures à base d'eau sont diluées à l'eau, de façon à obtenir des tons plus clairs; on les fixe en repassant la soie à l'aide d'un fer électrique (voir page 20).

Les peintures à base d'alcool peuvent aussi être diluées à l'eau, mais il existe un diluant spécial qui assure une application plus uniforme. Le processus de fixation est plus compliqué, car il se fait à l'étuvée (voir page 20), mais les résultats sont plus éclatants.

Certains manufacturiers offrent un fixatif qui s'applique au pinceau (voir page 20). Il existe différentes méthodes de fixation et de dilution; il est donc important de lire et de suivre attentivement le mode d'emploi du manufacturier sur les contenants de peinture. Pour l'amateur, il est conseillé d'acheter les peintures qui se fixent par repassage; elles sont plus faciles à utiliser et moins coûteuses.

Il est possible de créer de nouvelles couleurs ou des nuances différentes, en mêlant des couleurs d'une même gamme (voir ci-contre). Toutefois, on ne doit jamais mélanger des couleurs de gammes ou de marques différentes. De la même manière, il est déconseillé d'utiliser de la gutta ou des fixatifs d'une même marque avec des peintures d'une autre marque. Certaines peintures ont une consistance plus épaisse. Lorsqu'on les applique sur de la soie sèche, elles ne coulent pas; on peut les mélanger aux peintures diluées de la même gamme.

Le mélange des couleurs

Les manufacturiers offrent une grande variété de couleurs dans chaque gamme de peintures pour soie. Deux ou trois couleurs bien choisies permettent de créer, grâce aux mélanges, une palette assez complète.

Le triangle de couleurs (ci-contre) représente les trois couleurs fondamentales: jaune (cadmium - 1), rouge (magenta - 5) et bleu pâle (9).

On obtient les couleurs binaires par le mélange d'une quantité égale de deux couleurs fondamentales:

jaune cadmium et magenta	=	orange	(2)
magenta et bleu pâle	=	violet	(7)
bleu pâle et jaune cadmium	=	vert moyen	(11)

On obtient les couleurs complémentaires par le mélange d'une couleur fondamentale et d'une couleur binaire.

La palette

1 jaune cadmium
2 orange
3 écarlate
4 carmin
5 magenta
6 pourpre
7 violet
8 bleu outremer
9 bleu pâle
10 bleu turquoise
11 vert moyen
12 vert-jaune

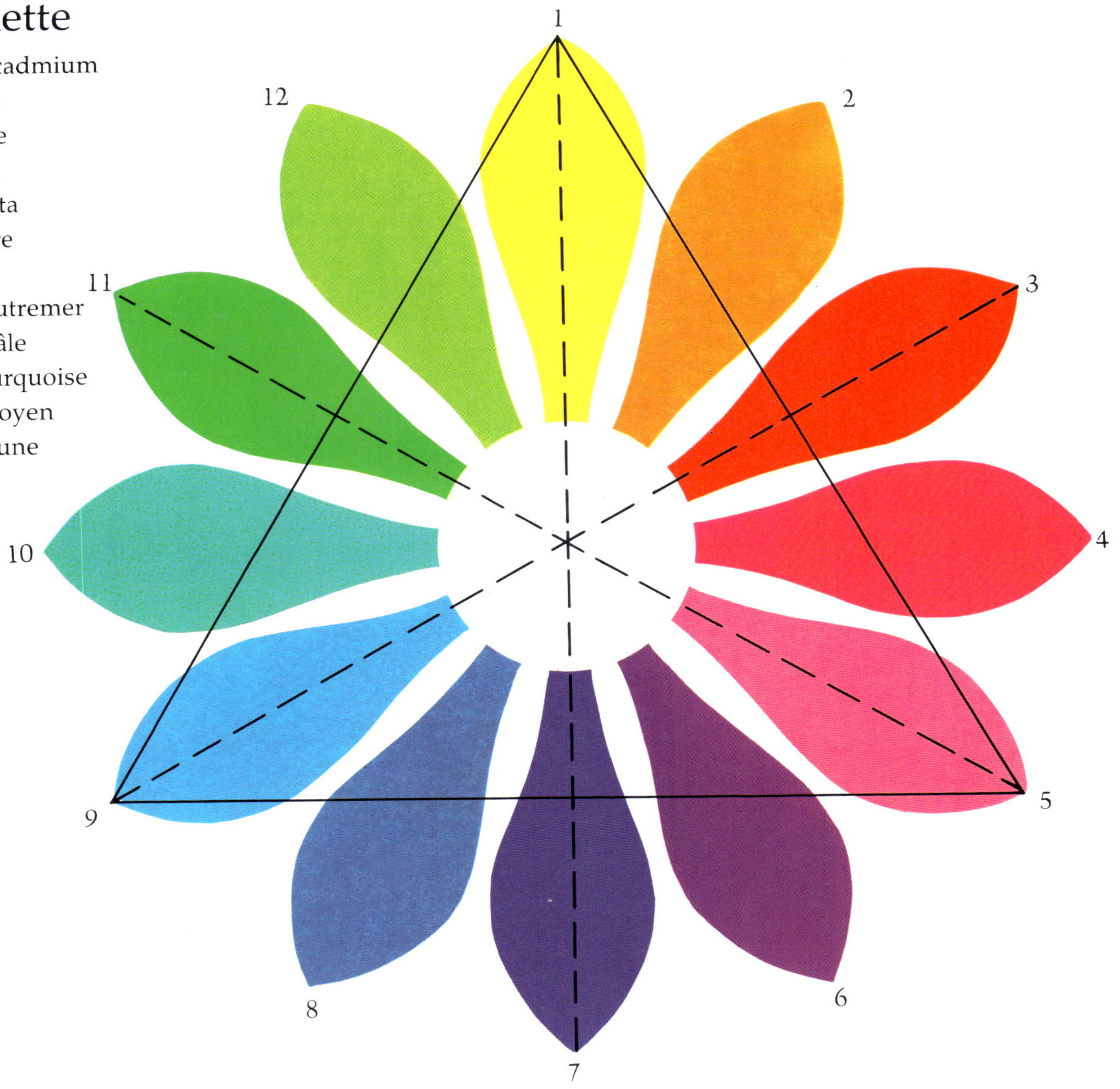

jaune cadmium et écarlate	= orange (2)
écarlate et magenta	= carmin (4)
magenta et violet	= pourpre (6)
violet et bleu pâle	= bleu outremer (8)
bleu pâle et vert moyen	= bleu turquoise (10)
vert moyen et jaune cadmium	= vert-jaune (12)

La couleur naturelle de la soie est la nuance la plus pâle qu'il est possible d'obtenir. Si vous désirez conserver à une surface la couleur naturelle de la soie, il faudra y appliquer un agent de blocage ou gutta (voir la technique à la gutta, page 15).

Il est possible de créer des nuances pastel par l'addition d'eau ou d'un agent de dilution, si le manufacturier le recommande. En diluant le noir, vous obtiendrez de beaux gris.

Point à surveiller
Lorsque vous peignez de grandes surfaces, assurez-vous de mélanger assez de peinture, car il est difficile de refaire exactement le même mélange. Il est préférable d'en avoir trop que pas assez. On peut conserver les mélanges de peinture indéfiniment dans des pots de verre hermétiques, en les gardant à la noirceur. Il faut bien les brasser avant l'emploi, car les pigments se déposent souvent au fond du pot.

Les pinceaux

Les pinceaux pour aquarelle, qui forment bien la pointe, sont les plus adéquats. Leur propriété est de retenir beaucoup de peinture, tout en facilitant un débit et une application uniformes.

Les plus coûteux sont les pinceaux japonais; il existe une grande variété de pinceaux, épais, moyens et fins, qui sont cependant plus appropriés pour l'amateur.

Il est préférable d'utiliser un pinceau différent pour chaque couleur, pour éviter qu'une teinte ne se mélange à une autre.

Les pinceaux représentent une grosse mise de fonds. Ils gardent leurs propriétés fort longtemps si l'on en prend bien soin. Après usage, il est important de les laver à l'eau tiède, de leur redonner leur forme et de les faire sécher, poils en l'air, dans un verre ou un pot.

Les grandes surfaces de fond peuvent être peintes à l'aide de tampons de coton hydrophile ou d'une éponge.

Point à surveiller
Pour vous protéger les mains, fixez l'éponge ou les tampons de coton hydrophile au bout d'une pince à linge ou portez des gants de caoutchouc. Si vous devez appliquer un agent de fixation, vous obtiendrez de meilleurs résultats en l'étalant en touches longues et uniformes, à l'aide d'un pinceau large à poils raides.

Les épingles

Pour fixer le tissu au cadre, utilisez des épingles en acier inoxydable. En plus des punaises courantes, vous pouvez vous procurer dans les boutiques d'artisanat des punaises spéciales à trois dents et à tête plate.

La gutta ou agent de blocage

La gutta est un agent de blocage utilisé dans la technique à la gutta (voir page 15) pour peinture sur soie, ou pour boucher des surfaces que l'artiste veut conserver de la couleur naturelle de la soie.

Point à surveiller
Il est important de toujours employer l'agent de blocage recommandé par le manufacturier de la gamme de peintures que vous utilisez. Ces agents de blocage sont vendus dans des dispensateurs spéciaux: burettes de plastique, bouteilles munies de bouchons avec embouts de différentes grosseurs ou bouteilles de formes pointues.

L'agent de blocage le plus fréquemment employé est incolore. Il disparaît au lavage et le trait laissé sur l'étoffe apparaît en blanc ou de la couleur naturelle de la soie.

Vous pouvez aussi vous procurer de la gutta noire, argent et or; après le lavage, le trait laissé par la gutta apparaîtra noir, argent ou or. La gutta colorée est très décorative et donne des airs de fête, mais elle ne résiste pas longtemps aux lavages et aux repassages répétitifs. Le nettoyage à sec peut faire disparaître la gutta or et argent.

Point à surveiller
Recouvrez la planche à repasser d'un tissu ou d'une toile, car la coloration or et argent risque de décalquer lors du repassage.

Le sel

La technique au sel crée des effets marbrés (voir page 19). Vous trouverez du sel spécial chez les fournisseurs de peintures pour soie. Vous pouvez cependant utiliser du sel de cuisine, fin ou gros, ou des cristaux de sel employés dans les adoucisseurs d'eau. Le gros sel produit des traînées et des effets de dégradés, tandis que le sel fin crée des marbrures plus fines.

Le montage du cadre

Une fois que le cadre a été recouvert d'une bande de ruban adhésif, et que la soie a été lavée et repassée, tel que décrit précédemment, on est prêt à commencer.

La soie doit être tendue solidement et uniformément sur le cadre. Commencez par le bord inférieur du cadre avec le côté endroit de la soie sur le dessus. Tendez la soie le long de la barre et piquez une punaise à chaque coin. Piquez ensuite une punaise au centre, puis à tous les 5 cm le long de la barre, en

alternant à gauche et à droite. Répétez l'opération sur la barre opposée et sur les deux barres latérales, en vous assurant que l'étoffe soit bien tendue. Si vous avez opté pour un cadre réglable, vérifiez à nouveau l'ajustement des barres et la tension de l'étoffe.

Position des punaises lors de la fixation de la soie au cadre.

Point à surveiller

Il ne doit y avoir ni pli, ni ondulation, ni poche sur la soie. Pour éviter que l'étoffe ne touche la table, il est préférable d'appuyer les quatre coins du cadre sur des petites boîtes ou contenants. (Vous pouvez vous servir des cercles de carton autour desquels on enroule le ruban adhésif.)

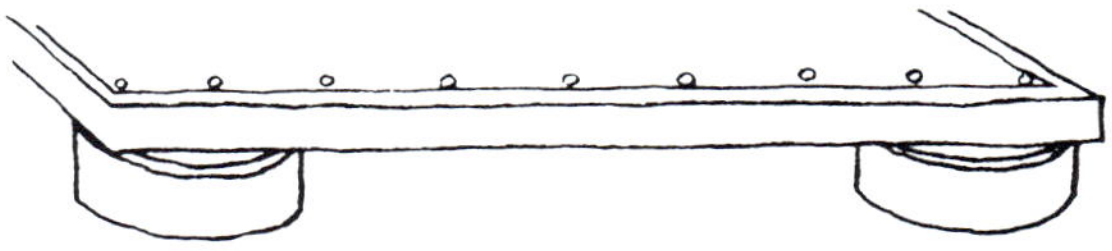

Vous êtes maintenant prêt à travailler; choisissez une des techniques suivantes qui sont expliquées dans cet ouvrage: la gutta, l'aquarelle ou le sel.

Les techniques

La gutta

On appelle parfois cette technique, la technique de blocage, la technique de résistance ou encore la technique des contours.

En premier lieu, vous pouvez dessiner le motif sur la soie ou encore travailler par transparence. Si vous choisissez la deuxième méthode, il suffit de glisser le dessin sous l'étoffe.

Remplissez de gutta une burette (ou bouteille de plastique munie d'un bouchon comportant un embout de même matière) ou un dispensateur spécial. Calquez ou dessinez les contours du motif sur la soie, à l'aide de la gutta et laissez sécher selon les recommandations du manufacturier. La période de séchage peut s'échelonner entre 10 et 30 minutes. Les traits de gutta empêchent la peinture de fuser et de se mêler aux autres couleurs. Si vous utilisez la gutta incolore, le trait qui apparaîtra sur la soie, après le lavage, sera de la couleur originale de la soie. Par contre, si vous employez de la gutta colorée, le trait sera de la couleur de la gutta. Les modèles qui conviennent le mieux à cette technique sont faits de lignes longues et gracieuses. Le trait à la gutta doit être continu, sans trop d'interruption; la gutta a tendance à laisser une goutte au début et à la fin de chaque trait.

Point à surveiller
Essuyez l'embout entre chaque interruption. Ne dessinez pas trop lentement, mais plutôt d'un trait régulier. Tenez le cadre sous une source de lumière pour vous assurer que le tracé n'est pas interrompu; la gutta doit traverser la soie et les traits du motif doivent être parfaitement fermés. Sur les soies à fibre noueuse, la gutta a tendance à s'accumuler et à créer des «pontages». À ces endroits, la gutta n'est pas en contact avec la soie et les couleurs peuvent se répandre à l'extérieur des tracés. Il faut alors réparer les vides et bien laisser sécher.

Quand la gutta est sèche, appliquez la peinture à l'intérieur des tracés en commençant par le centre et en vous approchant des traits. Les couleurs s'étendront d'elles-mêmes jusqu'au bord du trait. Appliquez les couleurs pâles en premier lieu. S'il y avait une fuite dans le trait de gutta, vous pourriez y remédier plus tard en appliquant une couleur plus foncée.

Laissez sécher pendant quelques heures. Les couleurs sont maintenant prêtes à être fixées selon les recommandations du manufacturier (voir page 20). Le processus de fixation vise à protéger les couleurs contre les produits utilisés pour le nettoyage à sec et le lavage à la main.

L'aquarelle

Cette technique ne nécessite pas l'usage de la gutta pour isoler les couleurs; au contraire, elles se mêlent les unes aux autres. C'est une technique parfaite pour peindre des paysages, mais l'artiste doit travailler vite et sur une surface mouillée.

Pour empêcher que la soie ne sèche trop rapidement, on doit la mouiller avec de l'eau ou du diluant, selon les recommandations du manufacturier; on y applique ensuite les peintures. Commencez par les couleurs claires du ciel, passez ensuite aux nuances moyennes du centre, puis aux tons plus foncés du premier plan.

Vous pouvez ajouter des détails à l'arrière-plan en dessinant d'autres lignes horizontales ou des formes d'arbres et d'arbustes. Il est très important que la surface soit humide. Les couleurs sont miscibles entre elles; il en résulte des contours très harmonieux.

Point à surveiller
Appliquez la peinture par petites touches à la fois; elles fusent et se répandent, en se mêlant les unes aux autres.

Une fois que le fond est sec, vous pouvez y ajouter des détails. Si vous appliquez de l'eau ou du diluant au pinceau, la couleur uniforme sera modifiée et vous verrez apparaître des lignes irrégulières.

Laissez sécher à nouveau avant de peindre à l'avant-plan des détails plus précis, tels que

des troncs d'arbres ou de l'herbe. Utilisez de la peinture concentrée qui ne fuse pas sur une surface sèche, ou servez-vous d'un séchoir à cheveux électrique réglé à intensité moyenne. Tenez le pinceau d'une main, le séchoir à cheveux de l'autre; appliquez la peinture et séchez-la immédiatement pour l'empêcher de s'étaler. L'utilisation d'un pinceau fin créera des lignes très délicates, en contraste harmonieux avec l'arrière-plan en aquarelle. Exercez-vous préalablement sur des échantillons afin d'avoir la main stable. Laissez sécher parfaitement pendant quelques heures avant de procéder à la fixation des couleurs, selon les recommandations du manufacturier (voir page 20).

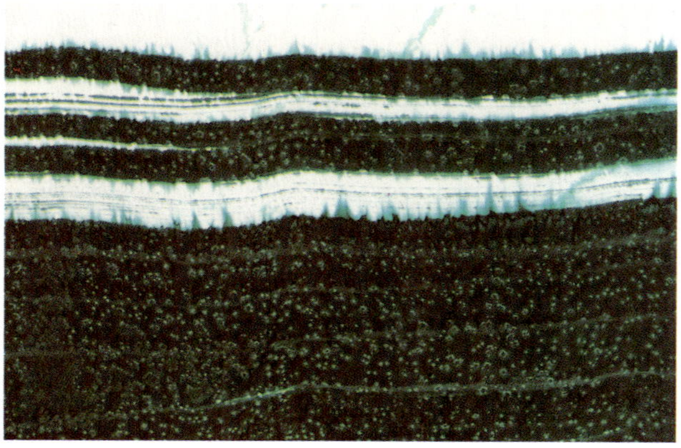

Le sel, appliqué avant la peinture, crée un motif pointillé.

L'application de sel sur un fond de couleur uniforme qui a été peint avec de la peinture concentrée.

L'application de sel sur un fond multicolore.

Le sel

Il est possible de combiner la technique à la gutta à la technique à l'aquarelle; l'une d'entre elles ou les deux peuvent être également combinées à la technique au sel.

Le sel absorbe l'eau. Par conséquent, s'il y a des pigments de couleur en suspension dans l'eau, ils seront absorbés par le sel. Si vous saupoudrez du sel de table sur une surface humide de couleur uniforme, chaque grain absorbera l'humidité et les pigments de couleur qui l'entourent. Cette technique crée des effets de dégradés et de marbrures qui prennent une forme imprévisible et spectaculaire. Les résultats obtenus varient selon le sel que vous utilisez; c'est à vous de faire des expériences.

Point à surveiller
Veillez à ce qu'il n'y ait pas trop d'eau sur la soie, sinon le sel sera «noyé».

Laissez le sel sur l'étoffe jusqu'à ce que le tout soit sec. Enlevez ensuite le sel en brossant à l'aide d'une brosse douce et procédez à la fixation, selon les recommandations du manufacturier (voir page 20).

Point à surveiller
Plus le sel est sec, plus son action est rapide et plus il absorbe d'humidité. Avant de l'appliquer, faites-le tiédir au four à découvert.

La fixation

Il existe trois méthodes de fixation pour les peintures sur soie. Que vous utilisiez l'une ou l'autre de ces méthodes, assurez-vous de bien suivre le mode d'emploi du manufacturier. Rappelez-vous que vous ne devez jamais mélanger différentes marques de peintures ou de fixatifs.

1. La fixation au pinceau
Pour certaines gammes, les manufacturiers recommandent un fixatif liquide. Quand les peintures sont parfaitement sèches, on applique ce fixatif sur la soie à l'aide d'un large pinceau à poils raides. Il est important d'en appliquer partout sur la soie.

Point à surveiller
Travaillez sur un cadre horizontal, sinon certaines couleurs pourraient couler.

Laissez sécher pendant une heure.

Retirez la soie du cadre et lavez-la à la main à l'eau froide. Lors du lavage, il se peut qu'un surplus de teinture disparaisse en même temps que la gutta.

Suspendez la soie pour la faire sécher, puis repassez-la. Les couleurs devraient être permanentes et résister au lavage à la main (30° C ou 86° F) et au nettoyage à sec.

2. La fixation par repassage
Certaines peintures à l'eau peuvent être fixées par repassage seulement. Réglez le degré de chaleur du fer électrique selon les recommandations du manufacturier. Retirez la soie du cadre lorsque la peinture est sèche. Assurez-vous que la soie n'entre pas en contact avec une surface mouillée ou humide. Recouvrez la planche à repasser d'un tissu propre et repassez l'envers de la soie pendant 2 ou 3 minutes. Ceci permet de fixer les couleurs en permanence, en prévision du lavage à la main ou du nettoyage à sec.

Point à surveiller
Si le degré de chaleur recommandé est trop élevé pour la soie, repassez-la après l'avoir recouverte d'une feuille de papier.

3. La fixation à l'étuvée
Les peintures à base d'alcool sont fixées à la vapeur.

Il existe des fours à la vapeur conçus expressément pour cet usage. Ils sont cependant plutôt coûteux pour l'amateur.

Vous pouvez cependant fixer les petits articles, tels que foulards, écharpes, tableaux, coussins et abat-jour, dans un autocuiseur. Une fois la peinture parfaitement sèche, retirez la soie du cadre et enroulez-la dans du papier absorbant large ou du papier d'apprêt (sous-couche de papier peint). La soie doit être parfaitement à plat, sans pli ni poche, et elle ne doit pas se chevaucher. Roulez la soie et le papier en saucisson d'environ 4 cm de diamètre. Fermez le rouleau aux deux extrémités à l'aide de papier-cache adhésif. Collez une bande de ruban adhésif large tout le long de la fermeture du rouleau. Enveloppez le rouleau dans du papier d'aluminium sans le serrer. Repliez les bouts du rouleau pour permettre à la vapeur de pénétrer et pour éviter que la condensation n'atteigne le centre et ne ruine la soie. Versez 2 cm d'eau dans l'autocuiseur; l'eau ne doit pas toucher le panier à légumes (voir plus bas, figures a et b). Déposez le rouleau dans le panier sans qu'il touche les côtés. Placez le panier sur le trépied à l'intérieur de l'autocuiseur et fermez le couvercle. Élevez la pression à 5 livres le pouce carré et chauffez pendant 45 minutes.

Si vous n'avez pas d'autocuiseur, vous pouvez procéder à la fixation à l'étuvée dans une grosse marmite à couvercle hermétique; la période de fixation devra cependant être triplée. Surveillez le niveau de l'eau de façon qu'elle ne s'évapore pas complètement.

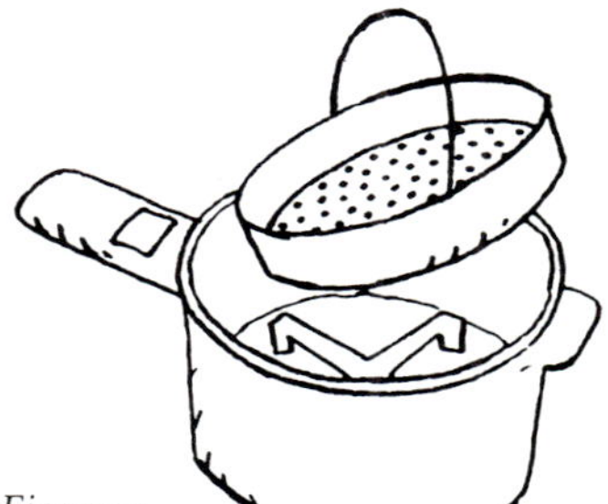

Figure a

Figure b

L'autocuiseur est l'article idéal pour fixer les couleurs à l'étuvée. La figure a) illustre l'intérieur de l'autocuiseur; la figure b) illustre le niveau d'eau au fond de l'autocuiseur et la position du rouleau de soie emballé de papier aluminium.

Le pantographe

Dans les pages qui suivent, vous trouverez différents modèles et diagrammes que vous pouvez copier. Si la grandeur du modèle vous convient, vous n'avez qu'à le décalquer. Si vous voulez agrandir ou réduire les dessins, il existe plusieurs façons par lesquelles vous pourrez obtenir une copie exacte.

Plusieurs photocopieurs peuvent agrandir ou réduire le dessin. Il existe également des appareils plus perfectionnés qui copient un dessin de la grandeur voulue sur n'importe quel tissu. Ces appareils sont toutefois très coûteux.

La méthode la plus simple pour agrandir ou réduire un dessin est le pantographe. Vous pouvez fabriquer vous-même cet instrument ou vous le procurer dans les boutiques d'artisanat (voir figure a). Le pantographe est composé de quatre baguettes de bois articulées. On fixe une pointe à calquer sur les baguettes pour tracer les lignes de l'original et une pointe à dessin pour reproduire la copie. Le pantographe est articulé aux points de croisement; ceux-ci peuvent être ajustés de façon à agrandir ou à réduire la copie.

Figure a

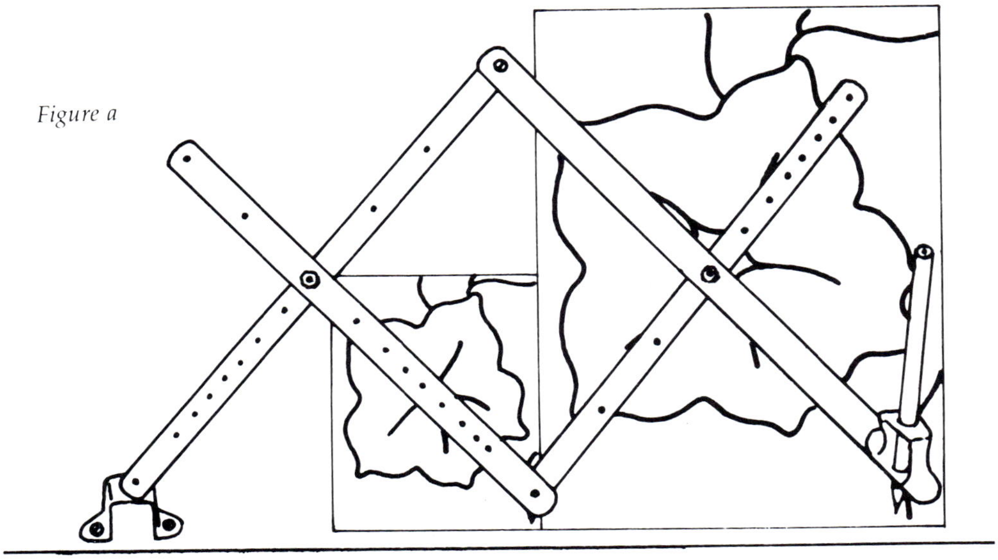

Les créations simples

Lors de votre première tentative, si vous ne voulez pas vous risquer à peindre à main levée, nous vous suggérons d'utiliser ou d'adapter un des dessins proposés à la fin de l'ouvrage. Si le dessin est trop grand, vous pouvez choisir la partie qui vous intéresse et l'agrandir à la dimension désirée. Dans le modèle de la page 83, par exemple, un seul bouton de rose peut constituer un sujet très intéressant pour une carte de souhaits.

Pour obtenir une miniature d'un modèle, vous n'avez qu'à réduire le dessin au

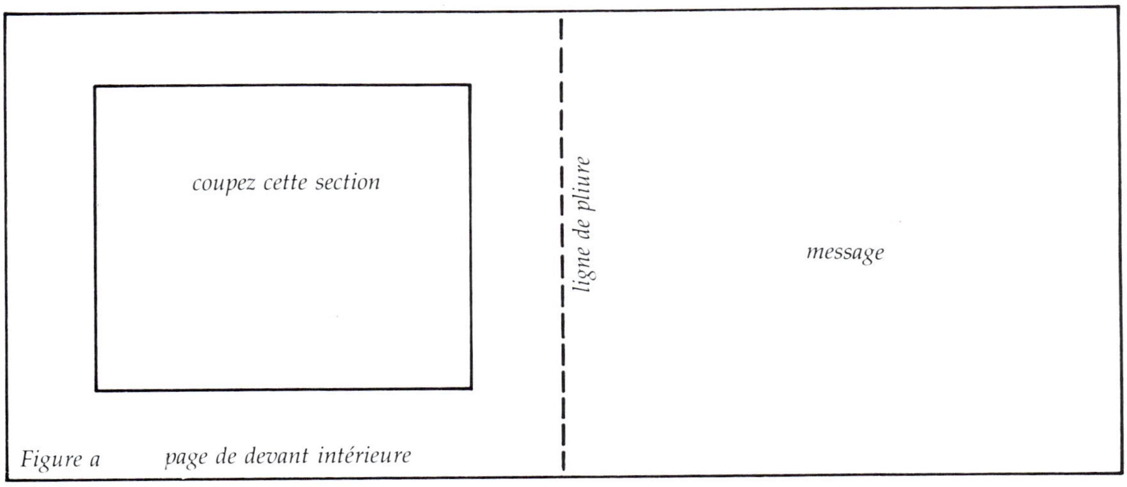

Figure a

photocopieur à la dimension désirée. Choisissez un sujet aux lignes claires et simples; une fois réduites, les petites surfaces sont difficiles à peindre. Le papillon de la page 42 est un modèle approprié pour les petits sacs illustrés en page 24.

Le montage d'une carte de souhaits

Il existe une vaste sélection de cartons de montage prêts à l'usage; ils sont accompagnés d'enveloppes de même dimension. Il est cependant facile de les faire vous-même à la dimension désirée. Le prix du papier ou du carton varie selon le poids et la qualité. Choisissez soigneusement la couleur du carton de montage, de façon qu'il mette en valeur votre peinture sur soie. Il est préférable d'acheter du papier construction en tablette; le choix des couleurs est plus vaste que si vous l'achetez à l'unité.

Vous aurez besoin d'une règle, de ciseaux bien aiguisés pour découper la carte à la dimension désirée et de la colle. Il est recommandé d'employer la colle au caoutchouc (dissolution), car elle permet de repositionner la pièce si nécessaire.

Point à surveiller
Si vous décidez de fabriquer vous-même le carton de montage, assurez-vous auparavant de trouver une enveloppe de même dimension.

Découpez un rectangle de la dimension désirée dans le papier construction et pliez-le en deux. Marquez l'emplacement de la peinture sur le côté gauche intérieur de la carte, en allouant 1 cm de bordure pour coller la soie. Laissez une marge d'au moins 2,5 cm tout le tour de la carte. Découpez ensuite l'ouverture du centre de la carte (voir figure a).

Appliquez la colle légèrement sur les bords extrêmes, du côté endroit de la soie, selon le mode d'emploi indiqué sur le tube. Collez la soie vis-à-vis l'ouverture pratiquée sur la carte et assurez-vous qu'elle soit bien centrée.

Une fois la colle parfaitement sèche, pliez la carte en deux et écrivez votre message à l'intérieur.

Les cartes de souhaits

Qui n'aimerait pas recevoir une carte de souhaits peinte à la main? Voici l'occasion idéale d'utiliser sans crainte la gutta or et argent, quelle que soit la technique utilisée. Les cartons de montage pré-coupés sont disponibles dans toutes les dimensions; ils ajouteront une touche professionnelle à vos créations sur soie.

Les réticules ou sacs à main

À l'aide d'un crayon tendre, copiez le modèle choisi sur la soie. Tendez la soie sur un cadre, tel que décrit à la page 13, et appliquez la gutta en suivant le tracé au crayon (voir page 14). Peignez les petites surfaces à l'aide d'un pinceau fin; appliquez la couleur sur les

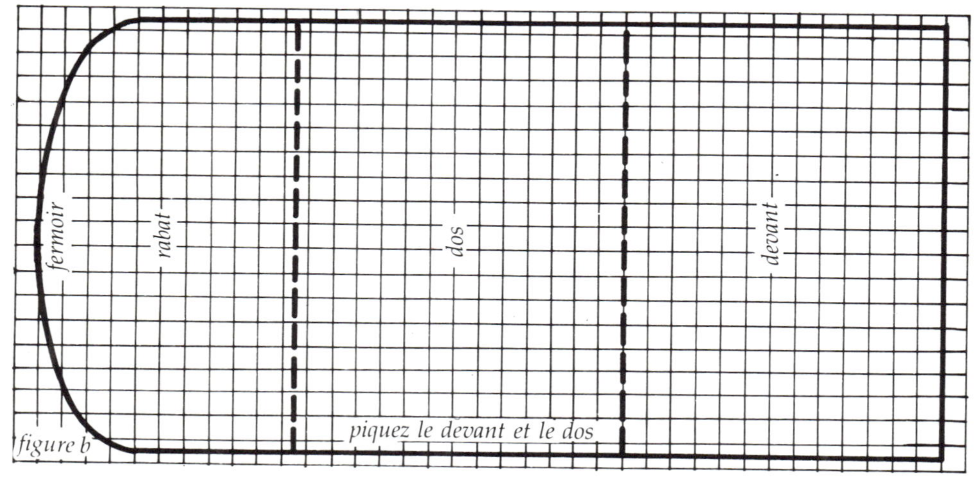

figure b

fonds en touches longues et uniformes, à l'aide d'un pinceau large. Fixez les couleurs selon les recommandations du manufacturier de peintures.

La confection d'un petit sac

Taillez la soie peinte et la doublure selon le patron illustré à la figure b. Chaque carré du patron correspond à 2 cm.

Piquez le devant et le dos des 2 pièces le long des lignes de couture des côtés. Envers contre envers, insérez la doublure dans le sac. Rentrez les deux bords du rabat et cousez à petits points glissés invisibles. Cousez un bouton-pression sur l'intérieur du rabat et sur la partie supérieure du devant.

Les broches

Ces petits articles colorés conviennent parfaitement pour une première tentative. C'est l'occasion de faire preuve d'audace et d'extravagance dans la combinaison des couleurs. La dimension réduite des dessins dissimule les lignes imparfaites d'une main inexpérimentée. Le début et la fin des traits de gutta peuvent excéder la surface à décorer; ils seront ainsi invisibles lorsque vous replierez le tissu vers l'arrière de la broche.

Posez la soie sur un petit disque de carton. Pour lui donner plus de corps, rembourrez de caoutchouc mousse de même dimension que le disque de carton. Repliez le surplus de tissu vers l'arrière. Collez-le ou cousez-le. Recouvrez le dos de la broche d'un autre disque de carton sur lequel vous fixez une épingle de sûreté.

Les coussins

Les coussins de soie sont luxueux et pratiques, tout en étant décoratifs et peu coûteux. Un coussin de soie original ajoute la touche finale à une pièce et rehausse une combinaison de coloris. Même si vous êtes une couturière inexpérimentée, la confection d'une housse de coussin présente très peu de problèmes. Si vous savez couper un bord droit et coudre une couture simple, vous réussirez.

Il faut d'abord décider de la dimension du coussin — la dimension courante est de 46 cm carrés. Vous devrez acheter suffisamment de soie pour recouvrir l'avant du coussin à peindre et un métrage égal pour le dos uni du coussin. Pour vous guider, si vous découpez un tissu de 102 cm de large en deux, vous obtiendrez deux lisières de 51 cm de large. Il faut cependant réserver 2,5 cm tout le tour pour les coutures. Une fois terminé, le coussin mesurera donc 46 cm.

Vous pouvez vous procurer dans la plupart des magasins des coussins déjà rembourrés, de formes et de dimensions variées. Les moins coûteux sont habituellement bourrés de kapok, ou d'un mélange de plumes et de duvet. Si vous pouvez vous permettre de payer un peu plus cher, choisissez un coussin bourré de vrai duvet; ceci mettra en valeur la douceur de la housse de soie.

La confection de la housse

Endroit contre endroit, assemblez la pièce de soie peinte et la pièce de dos. Faufilez à 1 cm du bord, le long de trois des côtés du carré. Insérez doucement le coussin et vérifiez s'il est bien ajusté. Sinon reprenez le faufil.

Piquez les trois côtés à la machine ou à la main aux petits points arrière. Enlevez le faufil.

Point à surveiller
Il faut rogner les coutures pour s'assurer d'un ajustement parfait. Cette précaution prévient les bosses disgracieuses aux quatre coins. Avant de fermer la housse, coupez les coins en diagonale, en prenant garde de ne pas couper la couture (voir figure a).

Retournez la housse à l'endroit et insérez le coussin rembourré. Pour fermer l'ouverture, repliez les deux bords vers l'intérieur à 1 cm et cousez à petits points glissés invisibles.

Au moment de nettoyer la housse, vous n'aurez qu'à couper les points glissés et à retirer le coussin. Pour refermer la housse propre, vous n'aurez qu'à refaire la couture à points glissés invisibles.

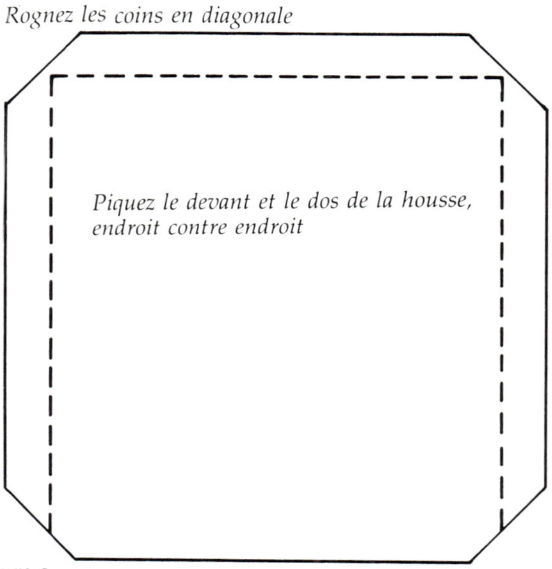

Figure a

Le coussin aux chardons

Les chardons sont tracés avec de la gutta incolore directement sur la soie tendue. Une fois que la gutta est sèche, on applique du diluant au pinceau sur toute la surface de la soie. (Certains manufacturiers recommandent d'utiliser de l'eau; respectez soigneusement le mode d'emploi.) Les rayures diagonales sont peintes en différentes nuances sur la soie mouillée (voir la technique à l'aquarelle).

Les coussins à l'aquarelle

Au premier plan, le coussin combine les techniques à l'aquarelle et à la gutta. Le tronc d'arbre, les branches et quelques lignes au premier plan sont tracés à la gutta incolore. Quand la soie est encore mouillée, on peint le ciel beige clair et la cime des arbres brun et cuivre. Une fois que la soie est sèche, on applique des bruns clairs dans la partie centrale et on laisse sécher à nouveau. Pour réussir les contours distincts et les reflets, on applique de l'eau sur les peintures sèches à l'aide d'un pinceau. En dernier lieu, on dessine les herbes du premier plan en appliquant de la peinture brun foncé.

Le coussin du centre est réalisé à l'aquarelle. Cette fois, les rayures sont diagonales. On avive les bruns sobres par l'addition des couleurs vert olive et rouille.

Le coussin à l'arrière-plan est peint sur une soie mouillée; les rayures horizontales sont réalisées avec des nuances de brun clair et de brun foncé. On laisse fuser les couleurs pour créer cette impression de douceur et de fluidité.

Le coussin de couleur claire *(à gauche)*

La soie est humectée de diluant, et les couleurs sont appliquées en commençant par le beige clair jusqu'au brun moyen. Une fois que la soie est sèche, on peint les arbres d'un brun-noir concentré.

Le coussin bleu *(au centre)*

Toute la surface de la soie est peinte d'un jaune-orange très dilué. Une fois que la soie est sèche, les contours du dessin sont tracés à la gutta. On laisse sécher de nouveau et on peint les troncs d'arbres brun foncé, puis les collines. Les reflets sont obtenus au pinceau et à l'eau. On termine en peignant le feuillage et en le saupoudrant de sel quand la soie est encore mouillée.

Le coussin de couleur bordeaux *(à droite)*

On dilue la couleur bordeaux pour peindre le ciel. On peint ensuite d'une nuance plus foncée les lignes qui représentent les nuages. Une fois que la soie est sèche, on dessine les arbres et le champ avec de la gutta incolore et on laisse sécher. On les peint ensuite à l'aide de couleurs diluées et de couleurs plus concentrées. On saupoudre enfin du sel sur le champ encore humide, de façon à compléter la texture des sillons.

Feuillage et paysage *(à gauche)*

La couleur dominante de ce coussin est le gris. On peint l'arrière-plan à l'aquarelle en utilisant des nuances très douces de gris et de rose.

On trace le feuillage du premier plan à la gutta colorée. Une fois que la soie est sèche, on le peint gris foncé.

Ciel et paysage *(en haut)*

On mouille la soie avant de peindre le ciel et on laisse fuser les couleurs. Au centre, on assèche rapidement le bas des bandes de couleur à l'aide d'un séchoir à cheveux électrique.

On peint le premier plan de différents tons de brun. À l'aide d'un pinceau propre, on dessine ensuite des lignes vers le haut, à partir des bords à demi secs, pour donner l'impression qu'il s'agit d'herbes.

Ce dessin représente la position du feuillage au premier plan et celle des collines à l'arrière-plan (voir page 30, à gauche).

Paysage bleu *(page 30, à droite)*

On applique à l'arrière-plan des nuances douces de gris, de bleu et de turquoise. On commence par peindre la partie supérieure du paysage et on laisse sécher. On trace ensuite sur le fond les couches qui représentent les collines. On crée ainsi l'impression d'une rangée de montagnes. On applique la couleur turquoise du premier plan sur le bleu encore mouillé. On laisse sécher, puis on dessine les herbes au pinceau, en partant des lignes qui ressortent de la couleur turquoise. On peint le feuillage en gris et bleu sur l'arrière-plan sec. Une fois qu'il est sec, on y applique de l'eau pour créer les effets obtenus.

Paysage et arbres

(en haut, à gauche)

On peint d'abord le fond d'une douce nuance orange et on laisse sécher. On dessine ensuite les contours avec de la gutta incolore et on laisse sécher à nouveau.

On peint le paysage brun, orange et vert olive. Les feuilles sont peintes vert olive et un peu d'orange y est appliqué lorsqu'elles sont encore mouillées. On laisse sécher le feuillage et on y ajoute les lignes par la suite.

Le coussin à fleurs

(au centre, en bas)

On combine ici l'aquarelle et la technique au sel. On applique du diluant sur toute la surface de la soie. Les bandes de couleurs, du bleu pâle (en haut) au beige pâle (en bas), sont peintes sur une surface mouillée. On laisse sécher et on ajoute ensuite des taches de peinture concentrée pour donner la forme des fleurs. On saupoudre aussitôt de sel le centre des fleurs. Quand les fleurs sont sèches, on enlève le sel à l'aide d'une brosse. On peint maintenant en brun foncé l'étamine et le panier. Une fois que tout est sec, on trace les lignes de tissage du panier à l'aide d'un pinceau fin et de l'eau.

Collines et arbres

(en haut, à droite)

On trace d'abord le dessin avec de la gutta noire. On peint ensuite le fond beige, jaune et orange. Une fois que la soie est sèche, on parsème les collines et le feuillage de gouttes d'eau. On dessine enfin des lignes au premier plan à l'aide de diluant.

Le coussin fleuri *(à gauche)*

Les motifs de fleurs et de feuilles sont tracés à la gutta or (voir modèle à la page 83). Le fond est beige et les fleurs Bordeaux et rouge-brun. Des lignes sont dessinées à partir du centre des fleurs pour leur donner de la profondeur. Les feuilles sont peintes dans des tons de brun et on y saupoudre du sel quand elles sont encore mouillées, afin de leur donner une texture.

Le coussin vert *(à droite)*

Après que le tracé à la gutta or est sec, la soie est peinte en vert. On saupoudre du sel le long des branches dorées. Les fruits rouges sont ajoutés en dernier lieu.

Le coussin d'oies *(en bas, à gauche)*

Ce motif ressemble à une parade d'oies (voir le modèle en page 82). Les couleurs utilisées sont le bleu, le gris argent et le turquoise. L'aile bleue pâle est peinte avec du bleu foncé quand la surface est encore mouillée. Le fond du décor est fait à l'aquarelle dans des nuances allant du gris argent au bleu.

Le tableau bleu suspendu *(en haut)*

Le tracé est réalisé à la gutta incolore qu'on laisse ensuite sécher. On applique alors les différents tons de bleu; un bleu très dilué pour le ciel, puis plus foncé pour les collines et les maisons. Une fois que les peintures sont sèches, on repasse un pinceau imbibé d'eau sur le ciel et sur les collines.

La cime de l'arbre est peinte en dernier lieu. On l'humecte avec de l'eau par endroits, puis on en recouvre la surface de bleu et on saupoudre de sel immédiatement.

Le coussin aux lignes diagonales *(page 34, à droite)*

Les lignes diagonales ondulées sont tracées à la gutta incolore. Une fois que la soie est sèche, les espaces entre les lignes sont peints de différents tons de gris, de rouille, de jaune et de vert pâle. On en laisse quelques-unes en blanc pour éclaircir. Ce motif permet plusieurs combinaisons de couleurs.

Le coussin hibou

Un hibou est perché sur une branche de pin sur un fond marbré. Seulement quelques détails sont tracés à la gutta incolore: les oreilles, le nez, le bec, les yeux et quelques plumes. Le reste, y comprise la branche, est peint directement sur le fond et séché immédiatement au séchoir à cheveux électrique.

Le coussin oiseau *(à gauche)*

Les couleurs de ce coussin sont atténuées. Le motif (voir page 86, en haut) est tracé à la gutta sur un fond gris-vert pâle. On peint le bec de l'oiseau quand la soie est encore mouillée. Les détails du dos et ceux de l'écorce de la branche sont obtenus avec un pinceau fin et de l'eau.

L'oiseau de paradis *(à droite)*

Cet oiseau est beaucoup plus éclatant que celui de gauche. Le motif est tracé à la gutta sur un fond beige clair. On peint ensuite l'oiseau, la branche et les feuilles en jaune, orange, rouge et différents verts.

Le coussin canard
(à gauche, en haut)

Les contours simples du canard et des feuilles sont tracés à la gutta or. Le fond est brossé d'un vert lime tendre, le corps du canard d'un gris pâle, la tête d'un rouge rouille et la poitrine d'un gris noir. De par sa facture, le plumage se trouve accentué.

Le coussin hérons *(à droite)*

Cet élégant couple de hérons est tracé à la gutta foncée. La peinture utilisée pour les oiseaux est diluée à l'eau près du tracé et on ajoute du noir sur la peinture fraîche de la queue.

Les tableaux

La peinture sur soie permet de créer une oeuvre originale, combinant des formes et des mélanges de couleurs uniques. Choisissez un modèle qui rehaussera l'atmosphère de la pièce; fort et audacieux pour une pièce de séjour et doux et subtil pour une chambre à coucher.

Une fois la pièce terminée, vous devrez l'encadrer. La plupart des boutiques d'art offrent ce service. Si vous décidiez cependant de le faire vous-même, les matériaux et l'équipement sont disponibles au même endroit.

Comparez ce tableau avec le coussin de la page 29. Le même thème, les mêmes couleurs et la même technique ont servis à le réaliser. La combinaison des techniques à la gutta et au sel produit des effets saisissants; le résultat final est cependant très différent. Il est vrai que deux peintures sur soie sont rarement pareilles. Chacune est un original.

Les cadres

La figure a) illustre les composants nécessaires à la fabrication du carton de montage, du passe-partout et du cadre. Vous pouvez acheter un cadre qui comprend déjà tous ces accessoires ou vous pouvez les assembler séparément. Il est possible d'acheter de vieux cadres à prix modiques dans les ventes de charité. Toutefois, il vous faudra souvent remplacer le dos et les matériaux de montage.

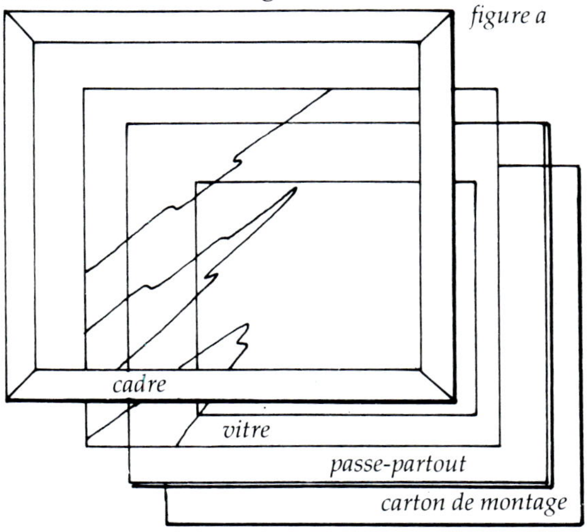

figure a

Le carton de montage

Les cadres vitrés requièrent un carton de montage solide pour bien maintenir la pièce et la tenir à l'abri de la poussière. Le matériau le plus adéquat est l'isorel. Toutefois, l'épaisseur de ce matériau ne convient pas aux moulures peu profondes de certains types de cadres. Pour ceux-ci, un carton mince et fort fait très bien l'affaire.

Le passe-partout

Les dimensions de la pièce de soie doivent être inférieures à celles du carton de montage sur lequel elle sera fixée. Les contours non peints de la soie sont dissimulés par une bordure de carton. Ces passe-partout sont disponibles dans la plupart des boutiques d'art; la sélection des couleurs est très vaste. Choisissez une nuance qui s'harmonise au tableau, sans détonner avec le décor de la pièce.

Le montage et l'encadrement

Coupez le passe-partout selon les dimensions intérieures du cadre et allouez 6 mm additionnels tout le tour pour l'ajuster dans les rainures du cadre. Coupez un carton de montage de mêmes dimensions.

Tracez la fenêtre sur le passe-partout, de manière à dissimuler la surface non peinte de la soie. Assurez-vous que la soie peinte soit bien cadrée dans l'ouverture prévue. Servez-vous d'une règle en acier et d'un couteau artisanal tranchant pour découper la fenêtre (figure b).

figure b

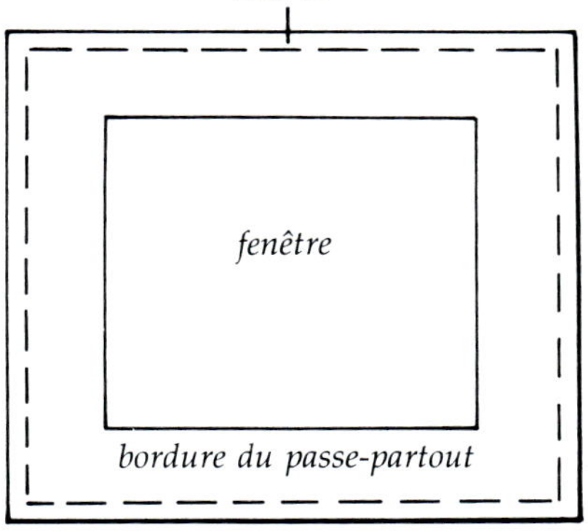

Fixez la partie avant et la partie arrière du carton de montage à l'aide de ruban adhésif fort. Placez la soie peinte sur la partie arrière, vis-à-vis la fenêtre de la partie avant. Collez la soie aux quatre coins de la partie arrière à l'aide de bouts de ruban qui adhère des deux côtés (figure c).

figure c

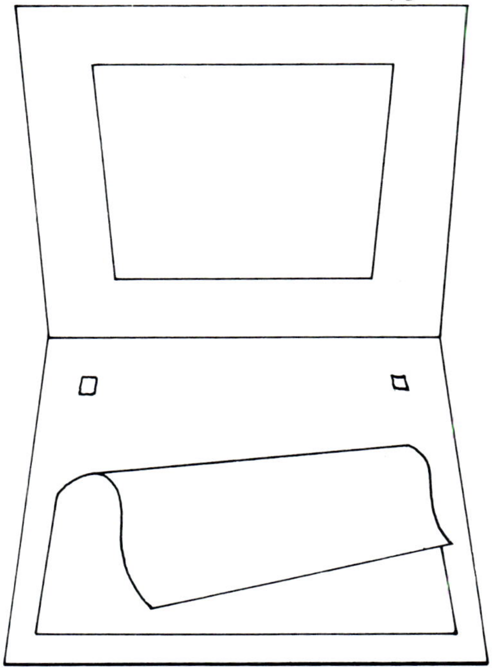

carton de montage prêt à utiliser

Disposez le carton de montage à l'intérieur du cadre, la partie avant vers le bas. Fixez des épingles sur les bords intérieurs du cadre pour empêcher le carton de bouger. Mettez en place les oeillets et la ficelle, ou le fil métallique si le cadre est lourd.

Saules en automne *(en haut)*

Le fond de ce paysage est peint à l'aquarelle. Des nuances de beige, de brun clair, de brun moyen et de jaune sont appliquées sur la soie mouillée pour obtenir les rayures horizontales. Une fois que le fond est sec, on dessine une bande en travers de la partie inférieure du tableau; cette bande donne l'aspect de buttes. Sur cette ligne, on dessine au pinceau

fin les traits verticaux qui évoquent les herbages. On laisse sécher complètement et on peint ensuite les saules avec de la peinture concentrée.

Saules en été *(page 40)*

Ce tableau combine les techniques à l'aquarelle et au sel. Le fond est peint sur la soie mouillée dans des tons de vert et de brun. Pendant que la soie est encore mouillée, on peint les cimes des arbres. On assèche cependant immédiatement les bords du feuillage, à l'aide d'un séchoir à cheveux électrique. On saupoudre le centre de sel et on laisse sécher lentement. On peint les troncs d'arbres en dernier lieu à l'aide d'un pinceau fin. On assèche au séchoir à cheveux pour éviter que la peinture ne se répande.

Paysage aux arbres insolites *(en haut)*

Ce tableau est peint à l'aquarelle dans des tons de bleu et de vert très dilués. On ajoute un peu de couleur Bordeaux près de la ligne d'horizon et on laisse sécher. On dessine les arbres une fois que le fond est parfaitement sec. On les peint à l'aide d'un pinceau fin dans des tons de brun, de bleu et de rouge concentrés.

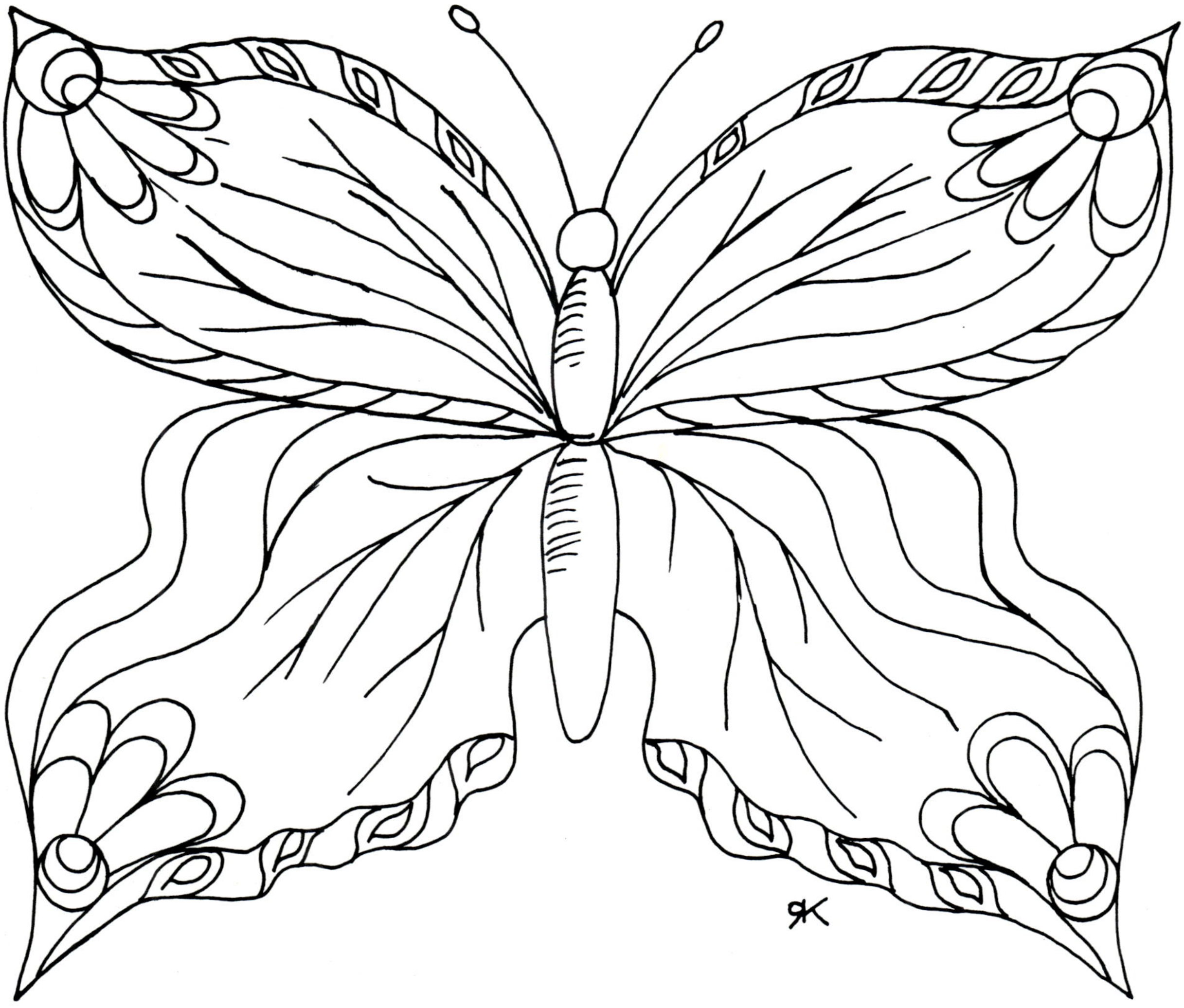

Le papillon

Le fond est traité à l'aide d'un jaune-orange très dilué. On laisse sécher, puis on trace les contours du papillon (voir ci-contre) à la gutta incolore. Une fois que la gutta est sèche, on peint les ailes dans des tons de beige, de brun, de rouille et de jaune-brun. Pendant que la soie est encore mouillée, on saupoudre de sel certains endroits. Si la soie est sèche, aspergez-la d'eau avant d'y mettre le sel.

Quand la couleur de fond est presque sèche, on peint à l'eau des rayures sur le corps du papillon. On termine en peignant la bande brun foncé qu'on laisse fuser sur le fond pastel.

Maisons au Danemark

À l'exception de la porte et des fenêtres, ce tableau est peint à l'aquarelle. Pour conserver ces détails en blanc, on les trace d'abord à la gutta qu'on laisse sécher. Le ciel est peint d'un bleu très dilué. Une fois qu'il est sec, les toits des maisons sont peints d'un vert dilué qu'on laisse aussi sécher. Pour le mur de façade de la maison de gauche, on utilise des tons de bleu et de rouge délavés; pour celui de la maison de droite, on utilise des tons de bleu et de vert. On laisse ensuite sécher, puis on ajoute des taches d'eau ou de diluant pour créer la texture du mur.

Une fois que les maisons sont sèches, on applique au premier plan des tons de vert et de jaune dilués. Les carreaux des fenêtres sont peints en bleu ciel et les clôtures sont tracées en brun foncé. Les bordures distinctes entre chaque couleur sont obtenues par l'application de peinture sur un fond sec.

Paysage d'aquarelle

On tend la soie sur un cadre et on applique du diluant sur toute la surface (certains manufacturiers recommandent de l'eau). En commençant par le haut, on peint le ciel d'un jaune dilué jusqu'à la ligne d'horizon du centre. Le sol est peint d'un brun dilué en commençant par le bas et en remontant jusqu'à la ligne d'horizon. Pour réussir les bandes larges, on applique de l'eau ou du diluant sur la surface peinte en brun. Ceci a pour résultat de créer des lisières représentant un paysage de collines plus ou moins éloignées. Quelques coups de pinceau vers le haut évoquent les herbages.

L'arbre est peint d'un brun concentré qu'on éclaircit plus tard avec de l'eau.

Le feuillage est le résultat de la combinaison de toutes les couleurs utilisées. On laisse d'abord sécher les couleurs, puis, tout comme pour le tronc, on éclaircit avec de l'eau.

Les foulards et les écharpes

Les bords coupés des objets réalisés jusqu'à présent ont été dissimulés de deux façons: à l'aide d'un carton de montage ou d'un ourlet. Les bords d'une écharpe restent toutefois visibles; ils doivent donc être finis avec soin.

La finition d'une écharpe de soie de création et de coloris uniques ne doit pas être négligée. On peut finir les bords par une couture droite à la machine; ce procédé est rapide mais pas très approprié pour un article aussi luxueux. Un ourlet roulotté donne un résultat très soigné. On peut s'y prendre de deux façons pour le réaliser: à la machine et à la main, ou entièrement à la machine à l'aide d'un pied-de-biche étroit.

Le roulotté à la main

Assurez-vous que tous les bords de l'étoffe soient parfaitement droits. Prévoyez 1 cm sur chacun des bords pour la finition du roulotté. Surfilez à la machine à 3 mm des bords coupés. Rognez les bords du surfil (figure a).

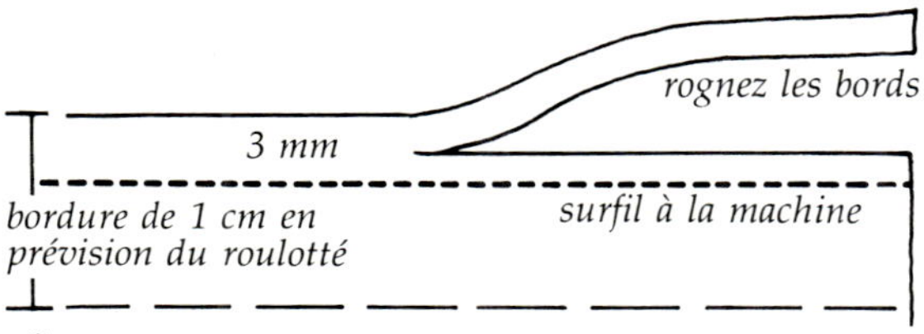

figure a

Point à surveiller
Pour les soies légères, assurez-vous que la couture à la machine ne gode pas ou ne fasse pas d'accroc sur l'étoffe. Utilisez du fil fin spécialement conçu pour la soie; choisissez une couleur qui s'harmonise bien aux bords de l'écharpe. Servez-vous d'une aiguille de machine de grosseur 70/11 et maintenez la tension à 15-20 piqûres au pouce.

Pliez toute la largeur du bord sur l'envers et roulez le bord coupé vers l'intérieur; la couture à la machine sera à peine visible. Enfilez le même fil sur une aiguille fine et travaillez le long du bord, de la droite vers la gauche. Cousez le bord à l'aide de petits points lâches invisibles ou points glissés; le fil passe dans la couture à la machine, puis dans le bord de l'écharpe. Faites quelques points de cette façon et tirez doucement pour détendre le fil. En procédant de cette manière, le bord roulera vers l'intérieur (figure b).

Une fois que la finition des bords est complétée, repassez doucement l'écharpe pour enlever les plis. Ne repassez pas le roulotté qui doit garder une forme arrondie, caractéristique d'un roulotté à la main.

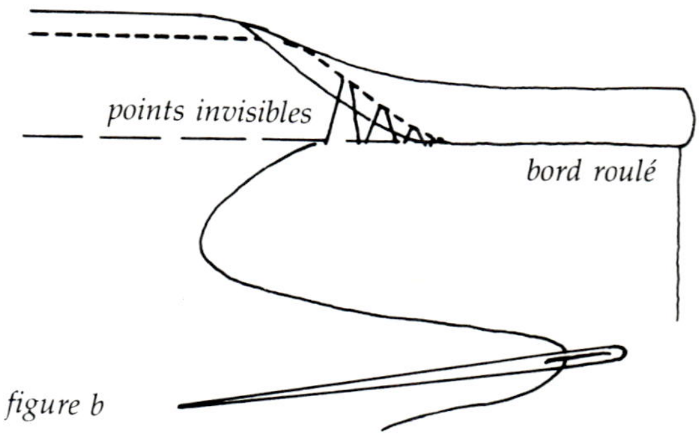

figure b

Le roulotté à la machine

Rognez le bord à 6 mm. Pour tenir le bord en place, pressez doucement du bout des doigts le long de la ligne de pliure. Pliez à nouveau vers l'intérieur pour former une double épaisseur et pressez du bout des doigts.

Glissez le bord de l'écharpe sous le pied de la machine et faites la piqûre (figure c).

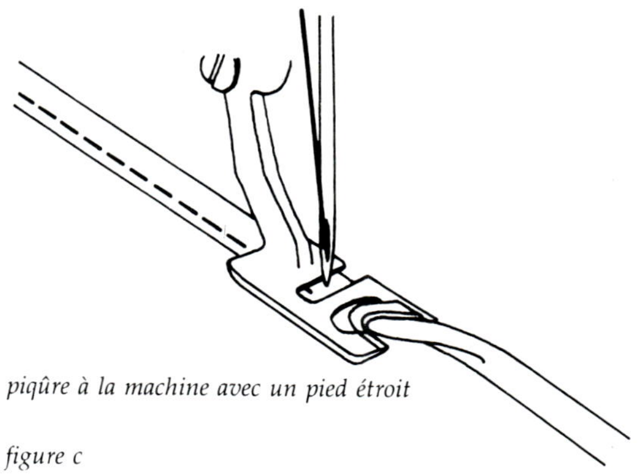

piqûre à la machine avec un pied étroit

figure c

Écharpe carrée à fleurs et à feuilles

Cette écharpe attrayante est un bon exemple de la technique à la gutta ou agent de blocage (voir page 14). On peut y voir les petites gouttes blanches, caractéristique de cette technique, qui se forment au début et à la fin de chaque ligne de gutta. Seulement deux couleurs sont nécessaires, le rouge et le gris; pour réussir les différents tons de rouge et de gris, on doit se servir des couleurs concentrées et diluées. La fleur rouge domine le centre, tandis que les feuilles, grises pour la plupart à l'exception de quelques-unes en rouge, couvrent le reste de l'écharpe.

Écharpe bleue à fleurs jaune-orange

Cette écharpe combine les techniques à la gutta et à l'aquarelle. Pour débuter, on trace le motif à la gutta incolore sur la soie tendue et on laisse sécher. Ensuite, on peint le fond d'un bleu foncé légèrement dilué. Les feuilles sont peintes de la même couleur, mais dans des tons plus dilués.

Les fleurs sont peintes à l'aquarelle dans des tons de jaune et d'orange. On dilue légèrement les couleurs et on les laisse fuser dans les pétales. Il est essentiel de travailler rapidement avant que l'étoffe ne soit sèche. Les bandes jaune et orange le long des bords de l'écharpe servent de cadre à ce bouquet de fleurs.

Écharpe aux roses

On agrandit le motif (voir page 83) et on le transfère sur la soie. Les contours, de même que les nervures des feuilles, sont tracés à la gutta. On applique des nuances douces de rouge et de vert; on adoucit encore plus en ajoutant de l'eau au pinceau pendant que les couleurs sont encore mouillées. Une fois que les roses sont parfaitement sèches, on peint les étamines à l'aide de couleur concentrée. On termine en peignant les bandes dans des nuances douces de vert et de rouge; ces bandes, peintes le long de deux des côtés de l'écharpe, servent à balancer le motif floral.

Les coquelicots

La floraison des ravissants coquelicots a été un sujet d'inspiration pour cette écharpe. Le motif est tracé à la gutta or. La même couleur de gutta sert à tracer les étamines des fleurs, ce qui les fait ressortir du fond et ajoute une étincelle vive au motif. Deux des côtés de l'écharpe sont peints en bandes de différentes largeurs, reprenant les couleurs des coquelicots.

Écharpe aux trois techniques

Cette écharpe combine trois techniques différentes: la gutta, l'aquarelle et la technique au sel.

Les bandes tout le tour de l'écharpe et les contours sont tracés à la gutta. Deux des bandes et quelques-unes des fleurs sont peintes rouge-brun. Deux autres bandes ainsi que certains détails des fleurs sont peints en noir (technique à la gutta).

Le reste de l'écharpe est peint d'un brun très dilué. Quand les fleurs sont encore mouillées, on en peint les contours et les détails d'un brun rouge (technique à l'aquarelle).

On saupoudre quelques feuilles de sel quand la soie est encore mouillée, pour créer un effet marbré (technique au sel).

Quand vous travaillez à l'aquarelle ou au sel, vous devez peindre assez rapidement, car tout le motif doit être fini pendant que la soie est encore mouillée.

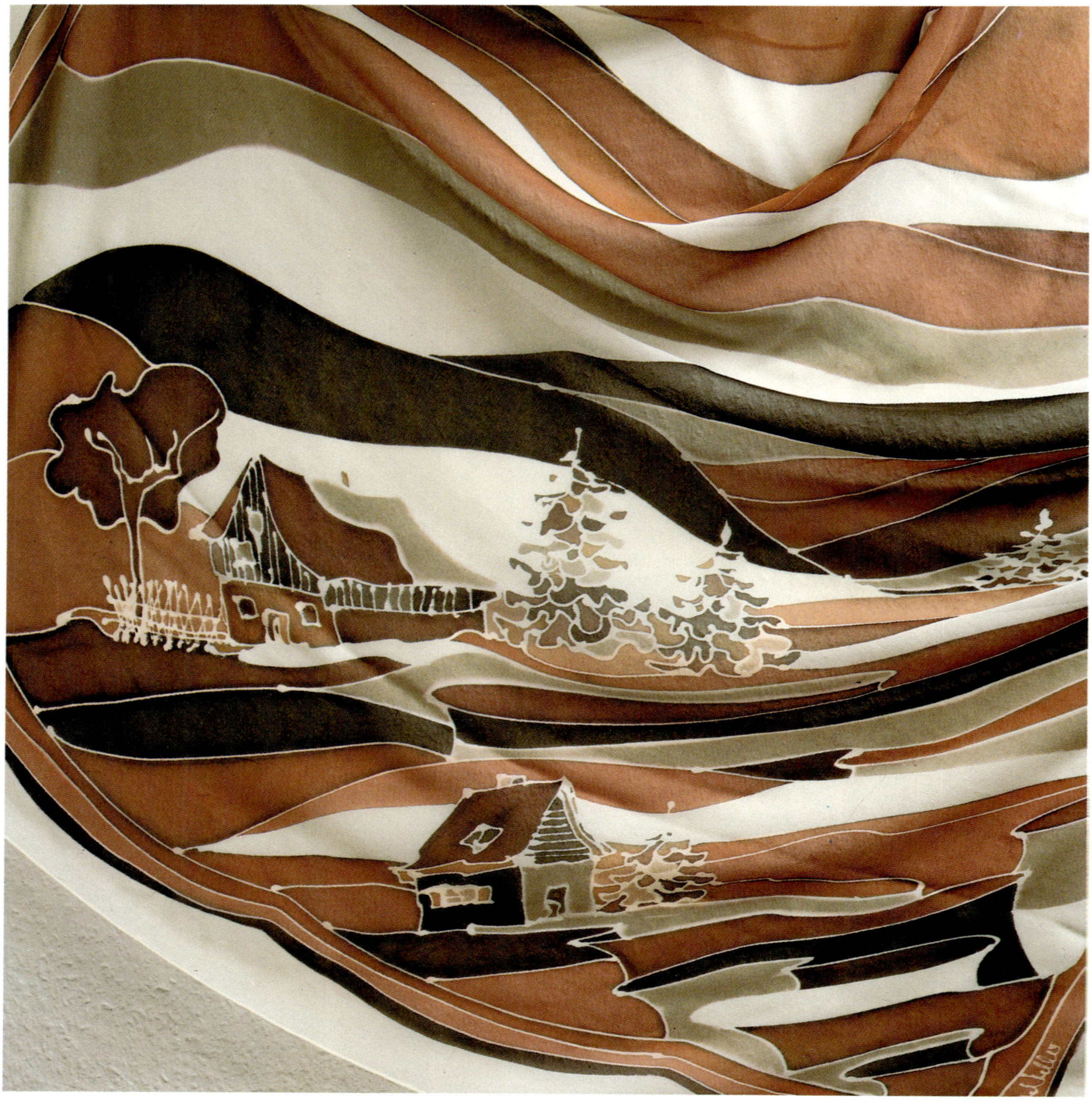

Motif d'une écharpe en crêpe georgette

Le motif représente un paysage montagneux et une maison de ferme (voir page 84). On utilise de la soie très fine et transparente appelée crêpe georgette. On trace d'abord le motif à la gutta qu'on laisse sécher, puis on applique les couleurs. Les seules couleurs de cette réalisation sont le brun et le rouge; on les mélange en différentes proportions ou on les dilue à l'eau, dans certains cas.

Écharpe à fleurs jaunes

Ce motif est tout indiqué pour exercer votre habileté à tracer des lignes à la gutta. Les feuilles, les pétales et les bandes sont peints dans différents tons de jaune et de gris. Quand le fond est sec, on peint les étamines à l'aide d'un pinceau fin et de peinture concentrée.

Écharpe aux fleurs alpines

Une promenade dans les Alpes a inspiré ce motif naturaliste. La délicatesse des fleurs alpines est balancée par la robustesse des bandes géométriques de mêmes couleurs sur les deux côtés opposés. Les fleurs du premier plan sont peintes dans des tons forts; on a ajouté de l'eau pour adoucir les fleurs, les feuilles et les herbages à l'arrière. On peint les fleurs de gentiane et les chardons argentés à l'aquarelle pour ajouter des détails et de la profondeur. Tout le reste est peint selon la technique à la gutta ou agent de blocage.

Écharpe aux magnolias

La disposition de cette écharpe est similaire à celle de l'écharpe aux coquelicots à la page 50. Une différence existe toutefois dans la douceur de la fleur et la légèreté du coloris.

Le motif est tracé à la gutta et les fleurs sont peintes à l'aquarelle dans des tons de rose, de brun et d'un peu de gris. Les bandes de couleurs sont des mélanges de rose et de brun, concentrés ou dilués.

Motif plume de paon

Ce motif élégant d'une plume de paon est tracé à la gutta qu'on laisse ensuite sécher (voir page 84). La technique à la gutta se prête bien aux lignes tourbillonnantes de la plume de paon, car il est plus facile d'appliquer la gutta en lignes gracieuses et continues.

Écharpe rouge et bleue

Toute l'écharpe est tracée à la gutta incolore, ou agent de blocage. Les couleurs employées sont le rouge et le bleu et un mélange des deux. On peut mélanger les couleurs provenant d'un même manufacturier, mais il est déconseillé de le faire avec des peintures de différentes marques.

Écharpe au motif abstrait

Ce motif abstrait contraste avec les motifs naturalistes présentés précédemment. Les lignes sont très fines et la combinaison des couleurs est rigoureuse et contrôlée, avec une prédominance de tons chauds.

Les formes dirigées vers l'extérieur du coin de l'écharpe sont tracées au hasard à la gutta incolore. À l'intérieur de ces contours, on peint en couches des nuances de beige tendre, de rose, de corail et de rouge. L'application de ces couleurs à l'aquarelle permet d'obtenir un effet chaleureux et rutilant.

Cases d'alphabet

Les lettres de l'alphabet, de formes et de dimensions différentes, sont l'unique sujet de cette écharpe attrayante. Le motif à deux dimensions est tracé à la gutta incolore. Il est essentiel d'avoir la main stable et de travailler rapidement pour réussir des lignes droites à la gutta.

La combinaison des couleurs est imaginative et contribue à l'animation du motif. C'est l'occasion rêvée d'exercer vos talents dans le mélange des couleurs (voir page 11).

Écharpe rose et beige

Ce motif délicat est composé de très fines lignes à la gutta et de grandes surfaces peintes à l'aquarelle dans des couleurs pâles et douces.

Les fleurs et les feuilles stylisées sont peintes dans des nuances de rose tendre, de gris et de beige; le centre de l'écharpe est laissé en blanc. L'écharpe est encadrée de deux bandes roses étroites et d'une large bande beige.

Quatre écharpes

Cette sélection d'écharpes illustre l'emploi des techniques à la gutta et à l'aquarelle sur différents tissus. Les étoffes varient de la mousseline de soie au fini mat aux soies lustrées plus lourdes. Chaque exemple démontre l'effet obtenu grâce au choix de couleurs chaudes et audacieuses.

Il n'est pas essentiel que les écharpes soient carrées; les écharpes longues et rectangulaires sont des accessoires de mode à plusieurs applications.

Les vêtements

Lorsque vous confectionnez un vêtement avec un tissu de pure soie peint à la main, vous pénétrez dans le monde de la haute couture. En plus de l'habileté à peindre la soie, vous devez posséder des notions de base en confection de robes pour entreprendre les projets illustrés dans cette section. Les conseils suivants vous seront aussi utiles pour réussir les vêtements à la perfection.

Les tissus délicats ont besoin de soins. Pour obtenir de meilleurs résultats, utilisez des épingles, des aiguilles et du fil fins. Les coutures et les ourlets doivent faire l'objet d'une finition particulière.

Veillez à ne pas trop manipuler l'étoffe. Réduisez au strict minimum le nombre de piqûres à la machine; vous éviterez ainsi de marquer et de plisser le tissu.

Le choix du style d'un vêtement de soie est de la plus haute importance. Il doit être souple et flottant, avec des fronces et des plis ronds plutôt que plats. Choisissez des modèles qui ne requièrent pas beaucoup de couture. Évitez ceux qui comportent des revers, car ils apparaîtront par transparence sur le vêtement.

Les coutures et les ourlets ne doivent pas être trop épais. La méthode la plus simple consiste à faire un point de surjet. Veillez cependant à ce que les points zigzags ne soient pas trop serrés; vous éviterez ainsi les fils tirés qui ont pour résultat que le vêtement ne retombe pas correctement. La couture anglaise est cependant plus facile à contrôler dans les lignes courbes. Cette méthode prévient également les risques de froncement du tissu, car la première étape consiste à faire la couture qui sera apparente sur l'endroit du vêtement. La couture rabattue permet une finition très soignée et elle est appropriée pour les piqûres droites ou courbes.

Sa douceur somptueuse et son lustre ont toujours fait de la soie une favorite de la haute couture. C'est à vous maintenant d'associer la soie à des motifs exclusifs et à des couleurs audacieuses pour créer des vêtements uniques, d'une élégance remarquable. Choisissez une robe de coupe simple qui mettra votre peinture en valeur. Assurez-vous que le motif s'ajuste bien à chacune des pièces du patron. Avant de commencer à peindre, il pourrait s'avérer nécessaire de tracer les contours des pièces du patron sur la soie, à l'aide d'un crayon tendre. N'oubliez pas d'allouer au moins 1 cm pour les coutures.

Le point de surjet

Endroit contre endroit, piquez le long des lignes de couture. Pressez doucement les dépassants vers l'arrière du vêtement. Rognez les dépassants à 6 mm.

Piquez ensemble les dépassants à petits points zigzags rapprochés, ou surfilez les dépassants à la main (figure a).

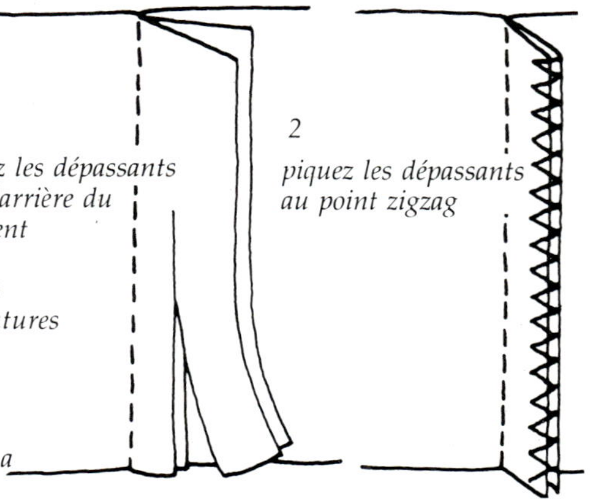

figure a

La couture anglaise

Endroit contre endroit, piquez le long des lignes de couture. Pressez doucement les dépassants vers l'arrière du vêtement.

Pliez les dépassants à 3 mm vers l'intérieur. Pressez-les ensemble du bout des doigts (voir page 46) et épinglez près de la ligne de pliure. Piquez à la machine (figure b).

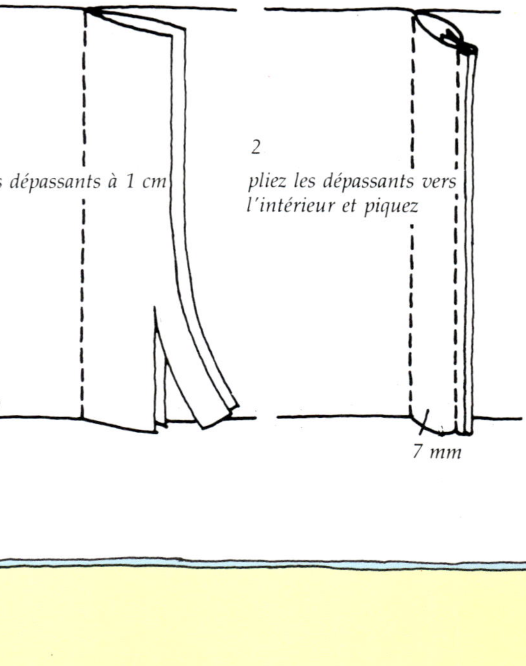

figure b

La couture rabattue

Endroit contre endroit, piquez le long des lignes de couture. Pressez doucement les dépassants vers l'arrière du vêtement. Rognez un des dépassants à 3 mm de la couture; rabattez l'autre dépassant pardessus le premier, de façon à le cacher.

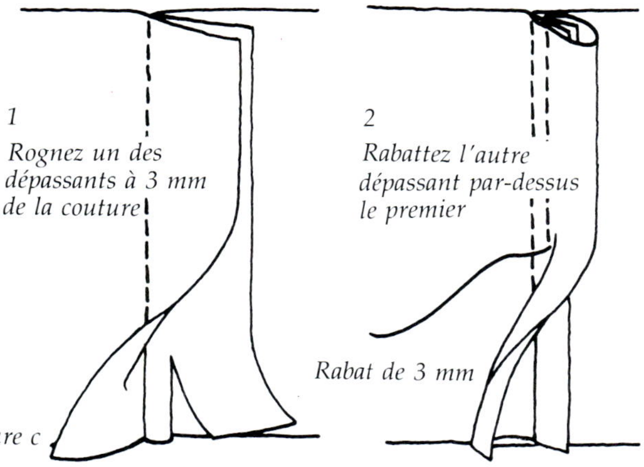

figure c

Rentrez de 3 mm le dépassant non rogné et épinglez près de la ligne de couture. Piquez à la machine ou à la main juste au-dessus de la première ligne de couture à la machine (figure c).

Robe du soir en crêpe de Chine

La combinaison des couleurs non diluées est saisissante.

Le motif à grande échelle de fleurs et de guirlandes stylisées est tracé à la gutta incolore sur de la soie naturelle. On peint ensuite le motif rouge et turquoise. On termine en peignant le fond d'un vert foncé. Le motif s'harmonise bien à la coupe simple du vêtement. Il met en valeur l'encolure et les épaules, divise la jupe en larges panneaux et décore l'ourlet.

Robe du soir et étole papillon en crêpe de Chine

La coupe très droite de la robe est soulignée par le motif simple à rayures, tracé à la gutta or et peint en bleu-vert et turquoise. L'étole papillon, au contraire, est décorée de lignes vives et ondulées. Elle est peinte des mêmes couleurs concentrées que la robe. Le charme de ce vêtement réside dans le contraste qui existe entre le mouvement de l'étole et l'immobilité de la robe.

Blouse ample en crêpe de Chine

Les coupes simples mettent en valeur les vêtements de soie peints à la main, car elles exposent les motifs et les coloris de façon avantageuse. Cette blouse ample en est un bon exemple; le motif se poursuit dans la manche, sans interruption. Les couleurs concentrées jaune et orange nous rappellent la saison estivale; à quelques endroits, on a adouci à l'aide de peinture diluée de couleur bordeaux.

Veste piquée à la gutta

Le motif à feuilles de cette veste à manches raglan est réservé à certaines pièces du patron, c'est-à-dire le dos, la manche et le col. De cette façon, il ne dérange en rien la confection du vêtement.

Le motif est tracé à la gutta incolore sur la soie colorée naturelle. On le peint ensuite dans des tons dilués de vert foncé et de turquoise. On peint le fond d'un bleu dilué. On double la veste d'une soie bleue foncée et on la rembourre de fibres synthétiques.

Avant l'assemblage des pièces, on surpique à la machine le motif des feuilles, sur les pièces du dos, de la manche et du col.

On aperçoit à l'arrière-plan un tableau à l'aquarelle représentant des bâtiments de ferme.

Veste rembourrée

Ici encore, le motif est tracé à la gutta; il est réservé aux pièces principales du vêtement. Le motif est disposé de telle sorte qu'il n'est pas coupé par la couture arrière centrale du col, ni par les coutures des manches raglan. Les couleurs employées sont le brun légèrement dilué, le vert olive et l'orange concentré.

Agrandissez ce motif aux dimensions requises pour le dos de la veste. Vous pouvez y ajouter d'autres détails à la gutta.

Blouse et veste sans manches assortie

Deux types de soie différents ont servi à la confection de cet ensemble; le choix des couleurs est cependant le même. La blouse est en crêpe de Chine et la veste sans manches est en taffetas. Cet ensemble démontre l'effet heureux qu'on peut obtenir en dessinant des simples bandes de couleurs. La perspicacité dans le choix des couleurs est parfois plus importante que des aptitudes en dessin. On combine le vert olive concentré à du bleu non dilué et à une petite quantité d'orange concentré.

Les couleurs qui se juxtaposent sur une même pièce du patron sont séparées d'une fine ligne blanche tracée à la gutta. Lorsqu'elles sont séparées par une couture, la gutta n'est pas nécessaire. Remarquez la couture centrale de la manche.

Blouse à manches kimono

Cette blouse soyeuse en crêpe de Chine est de confection très simple, car elle comporte deux pièces seulement. C'est le vêtement idéal pour la couturière inexpérimentée. Les manches font corps avec le vêtement (voir le patron à la page 75).

Point à surveiller
Le crêpe de Chine est très absorbant; assurez-vous de mélanger une quantité suffisante de peinture avant de commencer à peindre.

Les motifs géométriques sont tracés à la gutta incolore sur le devant et sur le dos supérieurs de la blouse. Un motif semblable est répété sur le devant, à partir de l'ourlet.

Pour réussir ces motifs géométriques, les lignes tracées à la gutta doivent être très droites. Même si vous avez la main stable, il est conseillé d'utiliser une règle large pour appliquer la gutta.

Bandeau, blouse, pantalon et jupe

Le bandeau et la jupe sont confectionnés dans de la mousseline de soie très fine; ils sont peints dans des tons de cyclamen et de rouge, dilués à des degrés différents. La blouse et le pantalon sont confectionnés dans un tissu sergé. Le motif de la blouse est tracé à la gutta noire; il est peint d'un mélange de rouge, de jaune et de cyclamen.

Le fond de la blouse et du pantalon est peint à l'éponge; cette méthode d'application rapide assure une coloration plus uniforme. (N'oubliez pas d'enfiler des gants de caoutchouc lorsque vous utilisez cette méthode.)

Pantalon portefeuille

Il est essentiel de tracer le patron de ce pantalon sur la soie. Une fois que ceci est fait, on peint les pièces du patron en rouge jusqu'à 5 cm de la ligne de couture. On laisse sécher parfaitement. On peint le 5 cm qui reste en jaune, le long des bords extérieurs du pantalon. Sans agent de blocage ou gutta, le jaune fusera dans le rouge en formant un zigzag.

Gilet fleuri

Ce gilet au fond bleu foncé est décoré d'une bande de fleurs. On utilise des peintures à base d'alcool et de la gutta noire. Par la suite, on retouche le motif à l'alcool, ce qui adoucit les couleurs et estompe les bords. On peut obtenir le même résultat avec de la peinture à base d'eau, si on retouche le motif avec de l'eau.

Chemise

La forme et le motif simples de cette chemise en font l'article idéal pour une première tentative dans le monde de la mode. La surface à peindre et le degré de difficultés sont minimes.

Sur un fond naturel de couleur crème, on trace les fleurs à la gutta incolore, sur les parties avant et arrière de la chemise. Une fois que la gutta est parfaitement sèche, on peint toute la surface de la soie à l'aide d'une éponge, pour obtenir une application uniforme.

Blouse à manches courtes

Les manches courtes de cette blouse frappante font corps avec le vêtement. La coupe est simple et sans difficultés pour une couturière inexpérimentée.

Le devant de la blouse est décoré d'un motif stylisé de fleurs orientales et d'un papillon. On trace le motif à la gutta et on le peint à l'aquarelle dans des nuances de rose, d'orange et de Bordeaux. Le fond est peint d'une couleur tangerine audacieuse.

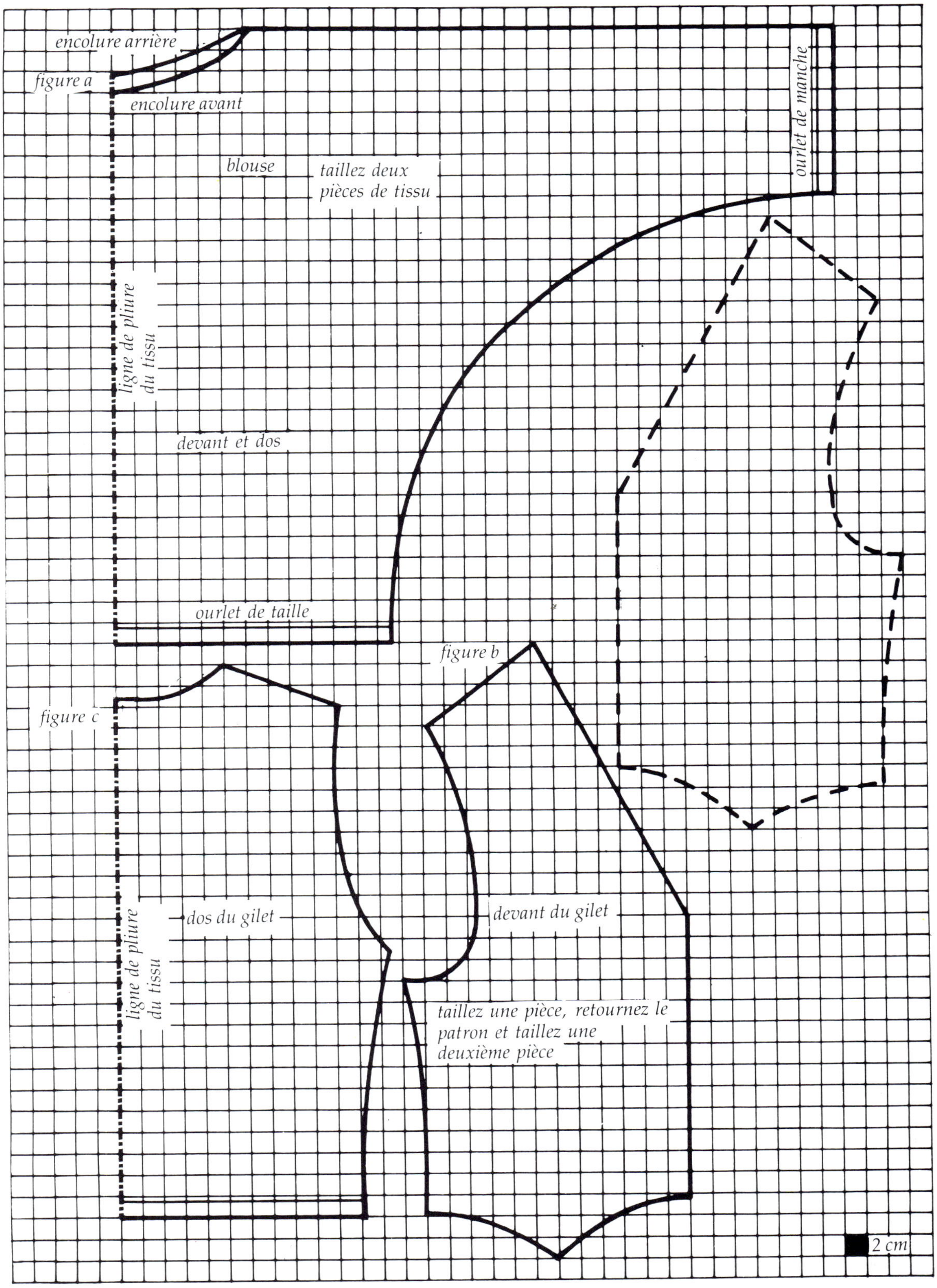
encolure arrière
figure a
encolure avant
blouse
taillez deux pièces de tissu
ourlet de manche
ligne de pliure du tissu
devant et dos
ourlet de taille
figure b
figure c
dos du gilet
devant du gilet
ligne de pliure du tissu
taillez une pièce, retournez le patron et taillez une deuxième pièce
2 cm

Les accessoires

Les peintures pour soie, appliquées et fixées selon les recommandations du manufacturier, résistent au nettoyage à sec et au lavage à la main. Il est donc possible de décorer une variété d'articles domestiques, y compris le mobilier. On peut embellir nappes, rideaux, abat-jour, paravents, panneaux décoratifs et plusieurs autres articles que vous découvrirez de vous-même.

Le peintre amateur devrait toutefois commencer par un article plus petit. La décoration d'un abat-jour, par exemple, offre plusieurs possibilités. Pour votre première tentative, choisissez une forme simple, de type tronconique (voir page 80).

Le choix du châssis

La plupart des châssis d'abat-jour sont fabriqués de fil de cuivre; on peut cependant se procurer des châssis recouverts de plastique. Ceux-ci sont inoxydables, ils sauvent donc du temps lors de la préparation du châssis. Les châssis neufs sont disponibles dans les boutiques d'artisanat. Il est aussi possible de se procurer de vieux châssis chez un brocanteur, dans un marché aux puces ou une vente de charité.

Si vous collez la soie sur un carton, vous aurez besoin uniquement d'un châssis circulaire pour les parties supérieure et inférieure. Sinon, vous devrez utiliser un châssis dont les cercles supérieur et inférieur sont soutenus par des traverses.

La préparation du châssis

Il est nécessaire de recouvrir d'un ruban les fils de cuivre d'un châssis pour éviter qu'ils ne tachent la soie de l'abat-jour. Un ruban droit et souple mesurant 1 cm de large convient parfaitement. Mesurez toutes les traverses ainsi que la circonférence des deux cercles du châssis; multipliez la longueur obtenue par deux fois et un quart.

Commencez d'abord par les traverses. Repliez 2,5 cm de ruban sur le cercle supérieur, puis ramenez le ruban sur la traverse (figure a). Enroulez le ruban à la

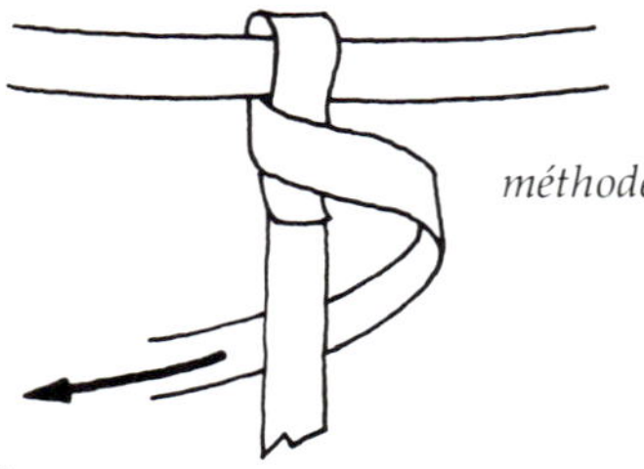

figure a

diagonale sur la traverse, en prenant soin de couvrir le ruban de départ. Continuez le long de la traverse en exerçant une tension sur le ruban. Une fois rendu à l'extrémité, passez le ruban sous le cercle et ramenez-le vers l'avant en passant par l'intérieur. Tirez solidement sur le noeud (figure b). Refaites la même opération pour toutes les traverses, sauf une.

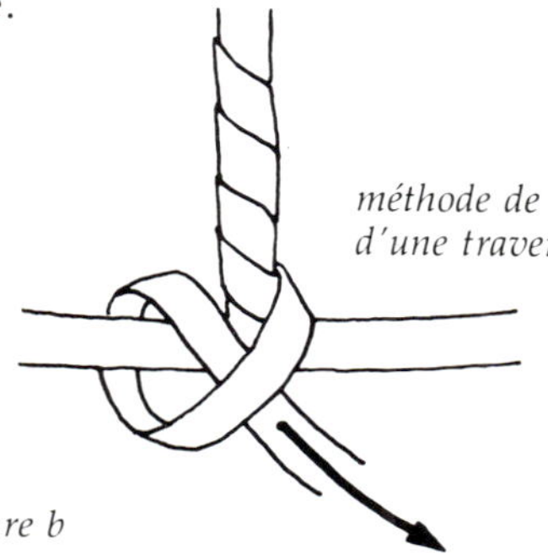

figure b

Enroulez le ruban sur le cercle supérieur, en commençant par la partie supérieure de la traverse restée à nu. Faites le tour du cercle. Lorsque vous rejoignez les traverses, enroulez le ruban en dessinant un huit (figure c). Descendez la traverse qui reste et finissez par le cercle inférieur. Pour fixer le ruban, repliez 6 mm et piquez à l'intérieur du cercle.

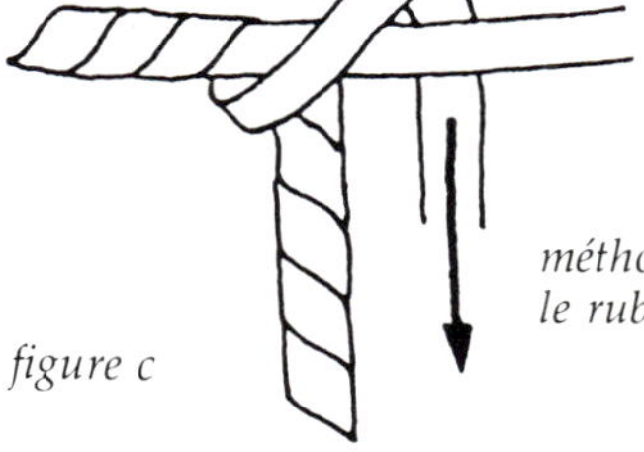

figure c

L'abat-jour

Tracez clairement la forme de l'abat-jour sur la soie, en allouant 2 cm pour les lignes de couture. Peignez la soie comme d'habitude, mais en traçant le motif à l'intérieur de la forme de l'abat-jour. Peignez également la partie allouée aux coutures.

Point à surveiller
La fixation des couleurs sur la soie d'un abat-jour est très importante, car la soie est exposée à la lumière et à la chaleur intensives.

découpe de la forme de carton

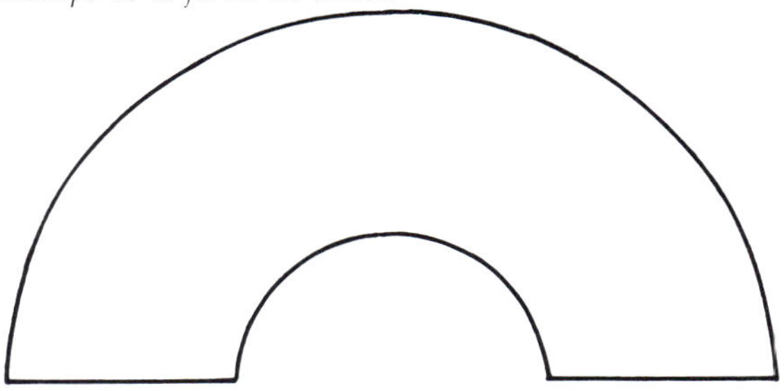

figure d

Travaillez sur une surface propre et sèche sur laquelle vous collez deux bandes de ruban qui adhèrent des deux côtés. Collez la soie sur le ruban adhésif, le côté endroit vers le bas. La soie doit être bien tendue pour permettre de passer à l'étape suivante.

Taillez la forme de l'abat-jour sur un carton auto-adhésif (figure d) et collez-la sur l'envers de la soie, en réservant 2 cm tout le tour pour les lignes de couture. Essayez d'éviter les plis et les bulles d'air. Découpez le long des lignes de coupe tracées sur la soie.

Ajustez l'abat-jour rigide sur le châssis et fixez les côtés à la colle. Pliez les lignes de couture des parties supérieure et inférieure vers l'intérieur du châssis et collez-les.

Les nappes

Vous pouvez peindre une nappe selon le motif et les couleurs de votre service de table de porcelaine ou de poterie.

Les nappes aux motifs complexes ou les très grandes nappes peuvent être peintes sur des surfaces plus petites qu'il s'agira d'ajuster et de coudre après la fixation des couleurs.

Paravent en soie Honan

Ce paravent ou panneau décoratif audacieux démontre les multiples applications, outre les foulards et les coussins, de la peinture sur soie. La charpente de bois est assez simple pour que vous puissiez la fabriquer vous-même. Les panneaux de soie sont collés à l'aide de ruban qui adhère des deux côtés.

Le motif de fleurs stylisées est répété sur chaque panneau, mais avec de légères modifications. Il est réalisé selon la technique à la gutta (page 14). Les seules couleurs utilisées sont différentes nuances chaudes de brun, allant de l'ocre pâle au brun foncé.

Panneau décoratif

La charpente de ce panneau décoratif a été conçue à partir de tringles d'acier tubulaires montées sur roulettes.

Prévoyez une bordure dans les parties supérieure et inférieure du panneau pour recouvrir les tringles d'acier, ou collez la soie à la charpente, à l'aide de ruban qui adhère des deux côtés.

Abat-jour

La moitié inférieure de l'abat-jour est décorée selon la technique au sel. Les plumes de la moitié supérieure sont peintes en noir sur un fond sec de couleur saumon.

Les modèles

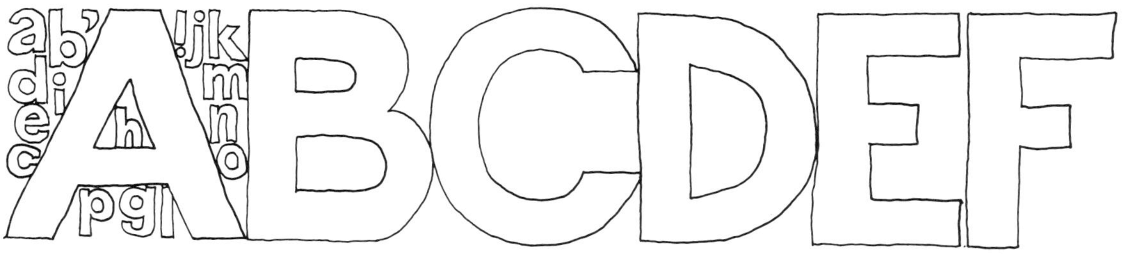
ABCDEF

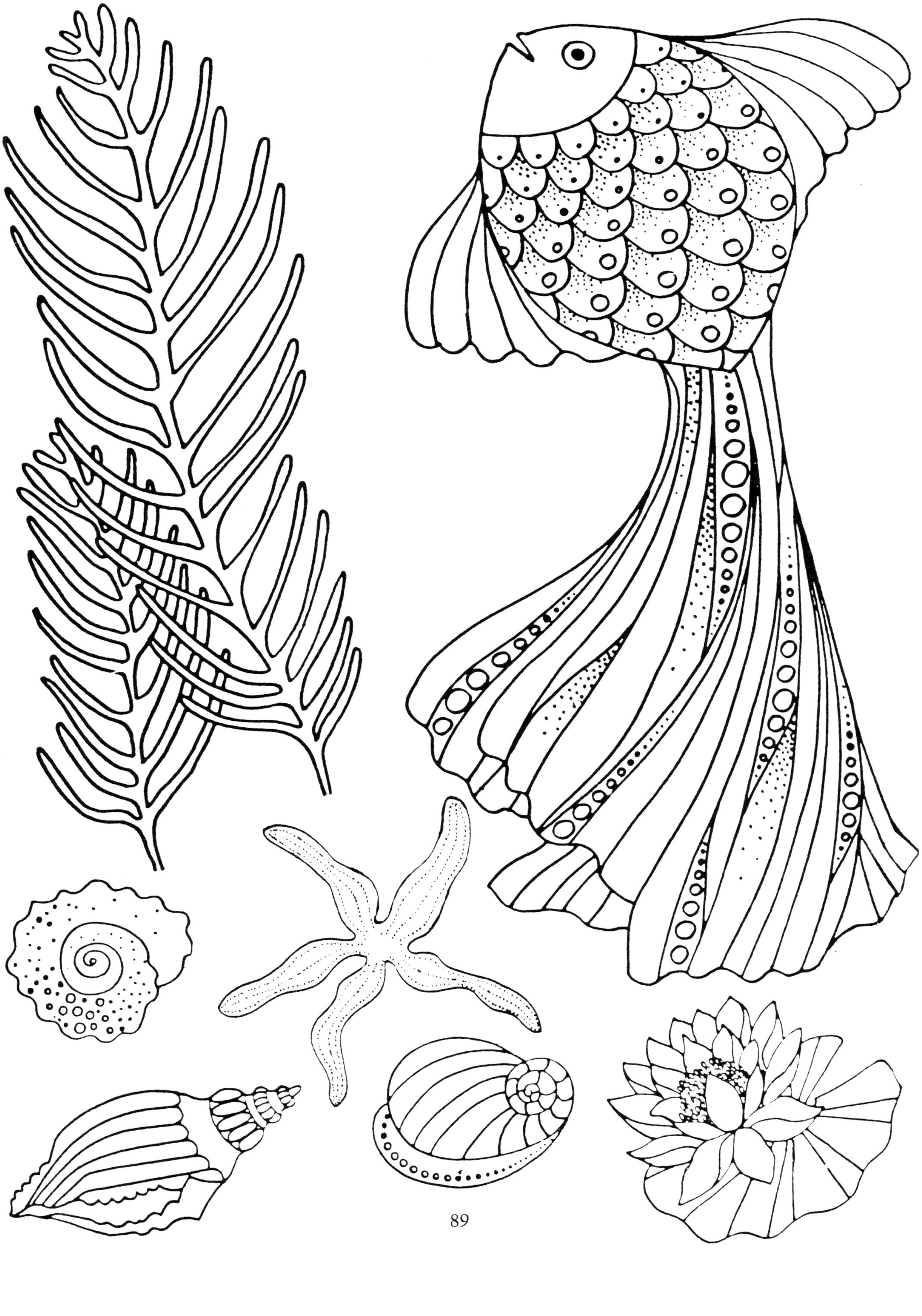

INDEX